Jürgen Mayer

Wie versucht die Kronen-Zeitung Jugendliche zu erreichen?

Eine Inhaltsanalyse

Bachelor + Master
Publishing

Mayer, Jürgen: Wie versucht die Kronen-Zeitung Jugendliche zu erreichen? Eine Inhaltsanalyse, Hamburg, Bachelor + Master Publishing 2013

Originaltitel der Abschlussarbeit: Wie versucht die Kronen-Zeitung Jugendliche zu erreichen? Eine Inhaltsanalyse

Buch-ISBN: 978-3-95549-234-2
PDF-eBook-ISBN: 978-3-95549-734-7
Druck/Herstellung: Bachelor + Master Publishing, Hamburg, 2013
Zugl. Universität Salzburg, Salzburg, Österreich, Bachelorarbeit, Januar 2009

Bibliografische Information der Deutschen Nationalbibliothek:
Die Deutsche Nationalbibliothek verzeichnet diese Publikation in der Deutschen Nationalbibliografie; detaillierte bibliografische Daten sind im Internet über http://dnb.d-nb.de abrufbar.

Das Werk einschließlich aller seiner Teile ist urheberrechtlich geschützt. Jede Verwertung außerhalb der Grenzen des Urheberrechtsgesetzes ist ohne Zustimmung des Verlages unzulässig und strafbar. Dies gilt insbesondere für Vervielfältigungen, Übersetzungen, Mikroverfilmungen und die Einspeicherung und Bearbeitung in elektronischen Systemen.

Die Wiedergabe von Gebrauchsnamen, Handelsnamen, Warenbezeichnungen usw. in diesem Werk berechtigt auch ohne besondere Kennzeichnung nicht zu der Annahme, dass solche Namen im Sinne der Warenzeichen- und Markenschutz-Gesetzgebung als frei zu betrachten wären und daher von jedermann benutzt werden dürften.

Die Informationen in diesem Werk wurden mit Sorgfalt erarbeitet. Dennoch können Fehler nicht vollständig ausgeschlossen werden und die Diplomica Verlag GmbH, die Autoren oder Übersetzer übernehmen keine juristische Verantwortung oder irgendeine Haftung für evtl. verbliebene fehlerhafte Angaben und deren Folgen.

Alle Rechte vorbehalten

© Bachelor + Master Publishing, Imprint der Diplomica Verlag GmbH
Hermannstal 119k, 22119 Hamburg
http://www.diplomica-verlag.de, Hamburg 2013
Printed in Germany

Inhaltsverzeichnis

1. **Einleitung** 3
   - 1.1. Ziel der Untersuchung 3
   - 1.2. Methodische Vorgehensweise 3
   - 1.3. Aufbau/ Gliederung der Arbeit 4
2. **Theorieteil** 5
   - 2.1. Begriffsdefinition „Jugendliche" 5
   - 2.2. Begriffsdefinition „Zeitung" 6
   - 2.3. Jugendliche und Mediennutzung 7
   - 2.4. Jugendliche und Zeitung - Leserschaftsforschung 8
     - 2.4.1. Studien 8
     - 2.4.2. Themeninteressen Jugendlicher 12
   - 2.5. Untersuchungsgegenstand „Kronen-Zeitung" 13
     - 2.5.1. Geschichte 14
     - 2.5.2. Charakteristika 15
     - 2.5.3. Auflage und Reichweite 15
   - 2.6. Der "Uses and Gratifications Approach" 18
3. **Empirischer Teil: Inhaltsanalyse** 21
   - 3.1. Forschungsfrage und Hypothesen 21
   - 3.2. Untersuchungskategorien 24
4. **Ergebnisse der Untersuchung** 31
   - 4.1. Überprüfung der Hypothesen 34
   - 4.2. Beantwortung der Forschungsfrage 37
5. **Fazit** 38
6. **Literaturverzeichnis** 40
   - 6.1. Online-Quellen 43
   - 6.2. Abbildungsverzeichnis 44
7. **Anhang** 45
   - Codierbuch 45
   - Codierbogen 48

1. Einleitung

1.1. Ziel der Untersuchung

Medien begleiten uns täglich und fast überall. Kaum jemand kommt heute noch einen Tag ohne Medienkonsum aus. Auch junge Menschen sind mit einer immer größer werdenden Vielzahl von Medienangeboten konfrontiert. Sie wachsen in einer Welt auf, die mehr denn je von den so genannten „Elektronischen Medien" [Hervorheb. d. Verf.], beispielsweise Computer, Internet oder Online-Diensten, geprägt ist (vgl. Klingler/Feierabend/Franzmann 1999: 173). Die traditionellen - stehen also in einem harten Konkurrenzkampf mit den „Neuen Medien" [Hervorheb. d. Verf.]. Allen voran die Zeitung hat es heutzutage nicht leicht bei diesem Überangebot jugendliche LeserInnen zu gewinnen beziehungsweise zu behalten. Jedoch sollte gerade dieser Zielgruppe ein hoher Stellenwert im Bereich der Printmedien eingeräumt werden, da sie die AbonnentInnen von morgen sind.

In der vorliegenden Arbeit soll untersucht werden, was die österreichische Tageszeitung „Kronen-Zeitung" [Hervorheb. d. Verf.] unternimmt, um Jugendliche zu erreichen. Hierfür muss man deren Bedürfnisse und die Motivationen zum Zeitunglesen kennen.

Darüber hinaus soll auch die Thematik „Jugendliche und Zeitung" allgemein näher erläutert und der aktuelle Forschungsstand diesbezüglich zusammengefasst werden.

1.2. Methodische Vorgehensweise

Mittels eine qualitativen und quantitativen Inhaltsanalyse wird eine „natürliche Woche" (siehe Kapitel 3.2) der auflagenstärksten Tageszeitung in Österreich untersucht, um dann Stärken und Schwächen in der jugendgerechten Aufbereitung aufzuzeigen.

1.3. Aufbau / Gliederung der Arbeit

Die vorliegende Arbeit ist in einen Theorie- und einen Empirieteil gegliedert.

Im Theorieteil (Kapitel 2) werden zunächst die beiden Begriffe „Jugendliche" und „Zeitung", als auch „Boulevardzeitung" bzw. „Boulevardisierung" erklärt. Da sich beim ersteren Begriff sowohl in der Literatur, als auch in der Gesetzgebung unterschiedliche Definitionen finden, ist dies für die Untersuchung durchaus relevant.

Im Anschluss wird das umfassende Thema „Mediennutzung", im speziellen „Printmediennutzung" im Bezug auf Jugendliche aufgegriffen und näher beleuchtet, da dies als Grundlage für die empirische Untersuchung dient und für das bessere Verständnis unabdingbar ist.

Weiters liefert dieses Kapitel auch noch detaillierte Daten und Fakten über die „Kronen-Zeitung", sprich deren Geschichte, die Charakteristika, die Auflage, die Reichweite, etc.

Abschließend wird in Kapitel 2 noch kurz auf den „Uses and Gratifications Approach", einem sozialpsychologischen Ansatz eingegangen, da die folgende empirische Untersuchung darauf aufbaut.

Kapitel 3 widmet sich dann der Untersuchung der Kronen-Zeitung. Es beinhaltet also die Methodenauswahl, den Untersuchungsgegenstand, die Operationalisierung der Kategorien, sowie natürlich auch Forschungsfragen und Hypothesen.

Diese werden dann im folgenden Kapitel 4 verifiziert oder falsifiziert. Obendrein wird umfassend auf die empirischen Ergebnisse eingegangen und diese detailliert präsentiert.

Kapitel 5 bietet schließlich ein abschließendes Resümee, fasst also die gewonnen Ergebnisse nochmals zusammen und gibt ein Fazit über das behandelte Thema. Es werden konkret für die Kronen-Zeitung Schlussfolgerungen gezogen, wie sie noch besser bei jungen Menschen punkten könnte.

2. Theorieteil

2.1. Begriffsdefinition „Jugendliche"

Neuere Jugendstudien belegen, dass es sich bei den Jugendlichen um eine sehr heterogene Gruppe handelt. Die zunehmende Individualisierung und die Entwicklung der unterschiedlichen Lebensstile erschwert eine genaue Bestimmung dessen, was Jugend ist. Die Schwierigkeiten beginnen bereits mit der Eingrenzung des Jugendalters.
Wie einleitend schon erwähnt gibt es zahlreiche unterschiedliche Definitionen für den Jugendbegriff. Neben der biologischen und der juristischen – findet man auch noch die soziologische Betrachtungsweise.

In der Biologie fällt es schwer eine klare Abgrenzung des Jugendalters vorzunehmen. Hier wird die Jugendphase mit der Pubertät gleichgesetzt. Diese geht wiederum einher mit somatischen Veränderungen des menschlichen Körpers, also zum Beispiel das körperliche Wachstum sowie die sexuelle Reifung (vgl. Ausubel 1976: 55). In der Regel beginnt die Pubertät zwischen dem zwölften und dem vierzehnten Lebensjahr, unter anderem auch abhängig vom Geschlecht, und endet zirka zwischen dem achtzehnten und einundzwanzigsten Lebensjahr.

Wesentlich konkreter hingegen ist der Begriff „Jugendlicher" [Hervorheb. d. Verf.] aus rechtlicher Sicht definiert. Laut dem Bundesgesetz gelten in Österreich Personen zwischen vierzehn und achtzehn Jahren als Jugendliche.

Wiederum anders umschreibt die Soziologie diese Zielgruppe. Innerhalb der Sozialwissenschaft wird der Begriff unterschiedlich dargestellt. Es gibt also keine Einigung über ein bestimmtes Jugendalter. Vielmehr hängt der Beginn der Jugendphase von anderen Faktoren wie beispielsweise dem Ende der Pflichtschulzeit, dem Einsetzen der Pubertät oder der Verhaltensveränderung ab (vgl. Koblinger 2007: 7). Die Abgrenzung zum Erwachsenenalter ist bei der soziologischen Betrachtungsweise jedoch nicht so leicht vorzunehmen. Schäfers (1998: 21) umschreibt das Ende dieser Phase mit dem Finden seiner persönlichen und sozialen Identität einen Individuums. Der Sozialwissenschaftler gliedert das Jugendalter in drei unterschiedliche Altersgruppen. Die 13- bis 18- Jährigen bezeichnet er als Jugendliche, die 18- bis 21- Jährigen als Heranwachsende und die 21- bis 25- Jährigen benennt er als junge Erwachsene (vgl. Schäfers 1998: 21f.).

Diverse andere Quellen bzw. Jugendstudien liefern etliche differenzierte Angaben bezüglich des Jugendalters.

2.2. Begriffsdefinition „Zeitung"

Es gibt eine Vielzahl von verschiedenen Definitionen des Begriffs „Zeitung" [Hervorheb. d. Verf.].

Emil Dovifat (1976: 17) definiert Zeitung folgendermaßen: *„Die Zeitung vermittelt jüngstes Gegenwartsgeschehen in kürzester regelmäßiger Folge der breitesten Öffentlichkeit."*

Es gibt dennoch vier spezifische Wesensmerkmale, die eine Zeitung charakterisieren:

- *Periodizität*: darunter versteht sich das regelmäßige Erscheinen zu einem bestimmten Zeitpunkt (vgl. Faulstich: 1994: 362);
- *Universalität*: beschreibt die inhaltliche Vielfalt des Mediums;
- *Aktualität*: meint, dass die Zeitung Informationen über das gegenwärtige Zeitgeschehen geben muss;
- *Publizität*: bezieht sich auf die allgemeine Zugänglichkeit zu einem Medium;

Der Begriff „Boulevardzeitung" [Hervorheb. d. Verf.] lässt sich nicht so einfach definieren, da es hierzu mehrere Ansätze gibt. So schreibt etwa der bayrische Rundfunk auf seiner Homepage folgendermaßen:

> Ursprünglich sagt Boulevard lediglich etwas über den Vertriebsweg von Zeitungen aus. Im Unterschied zu den meisten Tageszeitungen werden Boulevardzeitungen ausschließlich auf der Straße, am Kiosk verkauft, weshalb sie auch anders als die Abonnementzeitschriften aufgemacht sind: mit Großbuchstaben, vielen Bildern und Überschriften, die nach Aufmerksamkeit heischen. […] Im übertragenen Sinn bezeichnet man als Boulevardblätter oder - sendungen die Medien, deren Stil und Inhalte auf der Straße, beim ‚gemeinen Volk' ankommen: sensationelle Nachrichten, Sex, Crimes und VIP-Klatsch. (online 2009[1])

Der Begriff „Boulevardisierung" [Hervorheb. d. Verf.] ist für Renger (2001: 71) ideologisch belastet. Laut ihm „(...) *wird damit ein von oben nach unten abfallender Prozess bezeichnet: Der scheinbare Niedergang von einem den journalistischen Standards und Qualitätsnormen wie Objektivität sowie der Vermittlung von Wahrheit verpflichteten, hochstehenden Informationsjournalismus zu einem sich an die Begierden und Unterhaltungswünsche des Publikums anbiedernden, minderwertigen Sensationsjournalismus."* (ebd.: 71)

---

[1] http://www.br-online.de/wissen-bildung/telekolleg/faecher/deutsch/glossar/#b (15.01.2009)

2.3. Jugendliche und Mediennutzung

Wir leben in einer Gesellschaft, die mehr denn je zuvor von Medien geprägt ist. Allein die Vielfalt der Medienangebote in der heutigen Zeit, die ständige Konfrontation, lassen einen Alltag ohne sie fast unmöglich erscheinen. Der ständige Wandel des Mediensystems, jedes „neue" (Hervorheb. i. O.) Medium hat ein stark steigendes Medienangebot nach sich gezogen (vgl. Brosius 1998: 231). Die gegenwärtige Situation am Medienmarkt ist aufgrund dieser Entwicklung durch einen starken Konkurrenzkampf gekennzeichnet – Tendenz steigend (vgl. Hippler et al. 1999: 63).

Auch bei den Jugendlichen nehmen die Medien in der Freizeitgestaltung einen extrem hohen Stellenwert ein (vgl. Koblinger 2007: 16).

Hauptbeweggrund für die Mediennutzung der (jungen) Menschen ist die Bedürfnisbefriedigung. Sei es das Bedürfnis nach Information, Unterhaltung, als Stimmungsmittel oder einfach Vertreibung von Langeweile. Man kann diesbezüglich jedoch keine klare Abtrennung vornehmen, welches Medium welches Bedürfnis befriedigt. Medien faszinieren Jugendliche aufgrund ihrer Funktionsvielfalt (vgl. Vollbrecht 2003: 14). So wird zum Beispiel die Zeitung
nicht nur als Informations-, sondern auch als Unterhaltungsmedium genutzt, obwohl die primäre Funktion sicher (noch) ersteres darstellt.

Das Mediennutzungsverhalten der Jugendlichen ist zu großen Teilen davon bestimmt, welche Einstellungen sie zu Politik und Gesellschaft haben, ob sie karriere- oder freizeitorientiert sind, ob sie eher Individualisten sind oder sich lieber einer Gruppe anpassen. Kurz: Die Werte der Jugendlichen entscheiden mit darüber, ob und zu welchem Medium sie greifen und welche Inhalte sie dabei konsumieren. Generell kann gesagt werden, dass die Jugendlichen bezüglich ihrer Werte eine ähnlich heterogene Gruppe darstellen wie in ihrer Altersstruktur. Wer junge Zielgruppen begeistern möchte, muss ihre Wünsche, ihre Motive kennen und ebenso wissen, wo sie Kritik am Medium Zeitung üben (online 2009[2]).

---

[2] http://www.bdzv.de/studie_leserwuensche.html (15.01.2009)

2.4. Jugendliche und Zeitung – Leserschaftsforschung

Die Behauptung, dass junge Menschen heute nicht mehr so oft zur Tageszeitung greifen wie frühere Generationen, ist nicht neu (vgl. Röttger 1992: 81). Diverse Befunde verschiedener Mediennutzungsstudien verdeutlichen, dass die Zeitung bei jungen Menschen im intermedialen Wettkampf an Boden verloren hat (vgl. Graf-Szczuka 2007: 10). Speziell in den letzten zehn – bis fünfzehn Jahren, seit ein Großteil der Jugendlichen Zugang zum Internet besitzt, wird dieses Problem noch häufiger und intensiver diskutiert. Mittlerweile gibt es zahlreiche Versuche von WissenschaftlerInnen, Verlegern und JournalistInnen, die Jugend als ZeitungsleserInnen zu gewinnen, ein Patenrezept wurde bis dato jedoch noch nicht gefunden (vgl. Röttger 1992: 81).
Auch laut Graf-Szczuka (2007: 8) spielt die Zeitung im Medienmenü der Jugendlichen nur eine untergeordnete Rolle. Die Kritik vieler junger Menschen an der Zeitung ist weitgehend bekannt: Das Papiermedium gilt als grau und unspektakulär (vgl. Rager 2003: 180). Viele junge RezipientInnen empfinden die Sprache als trocken und kompliziert. Vor allem aber behandeln viele Artikel Themen, die die Heranwachsenden nicht besonders interessant finden, obwohl sie sie als wichtig anerkennen (z.B.: Politik, Wirtschaft, etc.). Dennoch scheint der massive Leserschwund bei den Jugendlichen inzwischen gestoppt (vgl. ebd.: 10). Es zeichnet sich ein relativ stabiler Anteil an regelmäßigen ZeitungsleserInnen ab. Immerhin greifen zumindest vier von zehn Jugendlichen täglich oder wenigstens mehrmals pro Woche zur Tageszeitung, wobei der Anteil der älteren Jugendlichen dabei sogar leicht ansteigt.

2.4.1. Studien

Im Jahr 2005 wurde im Auftrag des medienpädagogischen Forschungsverbundes Südwest in Deutschland die Studie „Jugend, Information, (Multi-)Media" durchgeführt. Hierbei ging das Fernsehgerät als meistgenutztes Medium hervor (vgl. MPFS 2005).
93 Prozent der befragten Jugendlichen zwischen 12 und 19 Jahren gaben an, täglich oder zumindest mehrmals pro Woche fern zu sehen. Den zweiten Platz nehmen Musik-CDs und Kassetten ein, die 85 Prozent der Befragten mehrfach in der Woche nutzen, dicht gefolgt vom Computer, welcher von 76 Prozent regelmäßig genutzt wird. Er verweist damit das Radio mit 72 Prozent zum ersten Mal auf den vierten Platz der Rangliste.

Von nur 44 Prozent der Heranwachsenden wird die Zeitung regelmäßig genutzt, 1998 waren dies noch 59 Prozent. Somit lässt sich feststellen, dass die „neueren" [Hervorheb. d. Verf.] Medien dem „klassischen" [Hervorheb. d. Verf.] Printmedium Tageszeitung den Rang abgelaufen haben. Dennoch hat sich trotz der verlorenen jugendlichen Leserschaft der Leseranteil inzwischen stabilisiert (vgl. ebd.). Gaben 2003 nur 38 Prozent der Befragten an, regelmäßig die Zeitung zu lesen, so waren es 2004 sogar 48 Prozent. Wie erwartet bestätigte die Studie auch, dass ältere Jugendliche häufiger zur Zeitung greifen als jüngere. Außerdem zeigten sich auch geschlechterspezifische Unterschiede, so lesen mehr Jungen Zeitung als Mädchen.

Schon im Jahr 1932 machte man sich Gedanken über die Frage, was Jugendliche in Zeitungen interessiert, beziehungsweise was Zeitungen den Jugendlichen bieten.
Laut der Studie „Jugend und Zeitung" war hingegen damals das Zeitungslesen generell sehr beliebt bei jungen Menschen, wobei der Fokus auf die Politik gerichtet wurde (vgl. Münster 1932: 63). Aber naturgemäß auch auf Themen, die die Jugendlichen selbst unmittelbar betrafen, also was über sie selbst in den Zeitungen stand (vgl. ebd.: 34). Also beispielsweise Zeitungsinhalte, die irgendwie mit der Zukunft der Jugendlichen, insbesondere ihrer Berufsfrage, zusammenhingen. Aber auch Sport und Unfälle waren damals von großem Interesse (vgl. ebd.: 59).

1993 führte die Universität Dortmund in enger Zusammenarbeit mit dem "Remscheider General-Anzeiger" (rga) eine Fallstudie zum selben Fokus durch (online 2009[3]). Hierfür wurde eine nichtrepräsentative Befragung unter den AbonnentInnen des rga, eine repräsentative Befragung mit SchülerInnen an Remscheider Schulen und Intensivinterviews mit einer kleinen Gruppe von jugendlichen NichtleserInnen durchgeführt. Daneben wurde im Rahmen von Gruppendiskussionen eine eigenproduzierte Jugendseite bewertet.
Im Gegensatz zur 1932 durchgeführten Studie kam hier überwiegend der Zeitung kein fester Platz im Alltag der SchülerInnen zu. Mehr als die Hälfte der Befragten würden die Zeitung nicht vermissen. Es zeigte sich auch, dass Eltern Lesevorbilder sind. SchülerInnen aus Elternhäusern mit Zeitung wurden häufiger zu ZeitungsleserInnen als jene, deren Eltern auf die Zeitung verzichteten.
Nichtleser waren häufig politisch desinteressiert. Allerdings hegte zumindest ein Teil der NichtleserInnen ein Interesse an alternativen Politikformen wie Demonstrationen oder auch Bürgerinitiativen, was auf eine Abkehr von klassischen politischen Inhalten hindeutet.

---

[3] http://www.bdzv.de/studie_leserwuensche.html (15.01.2009)

Eine Übereinstimmung mit der 1932 durchgeführten Studie gab es bei den eigenen Interessen. Allgemein favorisierten Jugendliche Themen, die ihre eigene Lebenswelt betrafen, Rager et al. konstatierten eine "Dominanz im persönlichen Nahbereich" (Rager et al. 1994: 119, Hervorheb. i. O.). Das Image der Zeitung war bei LeserInnen und bei NichtleserInnen gleichermaßen positiv. Assoziierte Eigenschaften waren bei den LeserInnen vor allem "informativ", "aktuell" und "bildend" (Hervorheb. i. O.). NichtleserInnen urteilten ähnlich, setzten jedoch die Aktualität an erste Stelle, gefolgt vom Informationsgehalt und assoziierten als drittes "gibt gute Tipps" (Hervorheb. i. O.). Darüber hinaus schätzte die Mehrheit der Befragten die Zeitung auch als unterhaltsames Medium ein. Der Vergleich von NichtleserInnen und LeserInnen deutete darauf hin, dass beide Gruppen unterschiedlich an die Zeitung herangingen - NichtleserInnen hoben eher die "Alltagskompetenz" (ebd.: 125; Hervorheb. i. O.) hervor, während LeserInnen stärker eine gesellschaftlich-politische Funktion betonten.

Eine bundesweit durchgeführte Studie des BDZV (= Bund Deutscher Zeitungs-Verleger) ergab, dass die Themenprioritäten der verantwortlichen Zeitungsmacher und der Jugendlichen nahezu komplementär aneinander vorbei zielen. Während laut Noelle-Neumann/Schulz (1993: 74-79) in den Zeitungsredaktionen Themen wie Wirtschaft, Politik, Sport, Forschung und Technik eine hohe Priorität besitzen, bevorzugen die Jugendlichen eher die Themenbereiche Freizeit, Veranstaltungshinweise, andere Länder, Musik, Umweltschutz und Reisen. Diese Ergebnisse decken sich im Großen und Ganzen auch mit den Resultaten der 2005 durchgeführten ZiS-Studie (Böck 2005: 33). Als Ausnahme wäre hierbei „Sport" [Hervorheb. d. Verf.] zu erwähnen. Diesem wird laut ZiS-Studie wesentlich mehr Bedeutung zugemessen als bei der BDZV-Studie. Aber auch Unfälle, Verbrechen, Katastrophen, sowie Kino oder Mode finden sich laut den 2005 erhobenen Daten unter den Top-Themen der jungen RezipientInnen von Tageszeitungen.

Im Vergleich mit anderen Altersgruppen liegt die Zeitungsverweigerung der jugendlichen LeserInnen allerdings eindeutig im Trend, denn ihre Abneigung gegenüber politischem Informationsangebot und ihr Zweifel an der Glaubwürdigkeit der Printmedien ist wesentlich stärker ausgeprägt als bei den älteren LeserInnen (vgl. Noelle-Neumann/Schulz 1993: 24-30; Kiefer 1996a; online 2009[4]).
Es gibt viele verschiedene Faktoren, die in diversen Studien zur Erklärung dieses Trends herangezogen werden, wie z.B.: Geschlecht, Schulbildung, Elternhaus, Lesesozialisation, Freizeitver-

---

[4] http://www.medienwissenschaft.de/aufsaetze/zeitungsentwicklung-und-leserinteressen.html (15.01.2009)

halten, Politikinteresse, Nutzung von Parallelmedien (Hörfunk, Fernsehen), etc. (vgl. Bucher 1997: 67; online 2009[5]).

Auch wenn man aus diesem Grund nicht generalisierend von jugendlichen ZeitungsleserInnen sprechen kann, so kann man dennoch Umrisse eines spezifischen Nutzungsprofils erkennen.
Zum einen haben Jugendliche andere Themenansprüche, als jene, die sie von den Zeitungsmachern vorgesetzt bekommen. Zum anderen entsprechen die visuellen Reize, also die Darstellungs- und Aufmachungsformen von Tageszeitungen, kaum den ästhetischen Ansprüchen der jugendlichen MedienrezipientInnen. Durch die „neueren" [Hervorheb. d. Verf.] Medien Fernsehen und Computer sind deren mediale Wahrnehmungsgewohnheiten oftmals stärker visuell als textuell ausgeprägt (vgl. IFM 1996: 111). Hinzu kommt, dass aufgrund des knappen Zeitbudgets von Jugendlichen die „Nebenbeimedien" [Hervorheb. d. Verf.] Radio und Fernsehen immer mehr an Bedeutung gewinnen. Die Artikellänge spielt ebenfalls eine entscheidende Rolle. Zu lange Artikel wirken eher abschreckend, die meisten Jugendlichen bevorzugen es kurz und bündig.
Ein zusätzlicher Kritikpunkt sind die teilweise ziemlich langen, schwer verständlich formulierten Texte, die obendrein auch oftmals noch zuviel an Wissen voraussetzen und zu wenig Spaß und Unterhaltung bieten (vgl. Noelle-Neumann/ Schulz 1993: 58-62).
Bucher (1997: 69) unterscheidet fünf Grundtendenzen als Spielarten für die Informations- und Wissensvermittlung, um den Ansprüchen vor allem jugendlicher LeserInnen gerecht zu werden:

1. Die Wissensvermittlung in den Printmedien entwickelt sich von der textorientierten **Einkanaligkeit zur Mehrkanaligkeit** aus Text, Bild und Grafik.
2. Printmedien werden zunehmend nicht mehr für den Durchleser, sondern für den **Anleser und den selektiven Leser** gestaltet.
3. Komplexe Formen der Berichterstattung - also lange Texte - werden durch **modulare Cluster** aus funktional verschiedenen Einheiten abgelöst.
4. Die Berichterstattung in den Printmedien wandelt sich vom **Informations- zum Bedeutungsjournalismus**.
5. Die Informationsfunktion der Printmedien wird ergänzt durch eine **Unterhaltungs-** und eine **Servicefunktion** (Bucher 1997: 69, Hervorheb. i. O.).

---

[5] http://www.medienwissenschaft.de/aufsaetze/zeitungsentwicklung-und-leserinteressen.html (15.01.2009)

2.4.2. Themeninteressen Jugendlicher

Für welche Themen die Tageszeitung überhaupt eine wichtige Informationsquelle darstellt und was in der Tageszeitung gelesen wird hängt also stark von den allgemeinen Interessen der Jugendlichen ab (vgl. Szczuka 2007: 10). Aber nicht nur die anderen Medien stellen eine starke Konkurrenz zur Tageszeitung dar. Auch die nicht-medialen Freizeitbeschäftigungen Jugendlicher können ausschlaggebend dafür sein, dass junge Menschen weniger Zeit dem Printmedium Zeitung widmen. Die bevorzugten Beschäftigungen sind laut der JIM-Studie das Treffen mit Freunden, Sport oder einfach „nichts tun" (vgl. MPFS 2005: 6, Hervorheb. i. O.). Auch Partybesuche oder Einkaufsbummel gehören zu deren regelmäßigen Freizeitaktivitäten. Liebe und Freundschaft, Musik, Sport, Beruf und Ausbildung sind analog dazu von ihnen als wichtig empfundene Themengebiete. Überdies wurden auch Gesundheit und Medizin, Computer, Medien und Kino oder Mode häufig genannt. Auch andere Sozialwissenschaftler ermittelten ganz ähnliche Themenvorlieben Jugendlicher. Rager et al. (2004b: o. S.) weist zudem noch auf die Bedeutung von Veranstaltungshinweisen und Themen wie Tiere, Gewalt unter Jugendlichen bzw. Kriminalität und Katastrophen hin. Politik, Wirtschaft und Kultur landen allerdings eher auf den hinteren Rängen.

Die JIM-Studie ermittelt allerdings auch eine zum Teil deutliche Verschiebung von Themeninteressen in Abhängigkeit vom Alter (vgl. MPFS 2005: 20f.). Während 12- bis 13-Jährige beispielsweise noch ein ausgeprägtes Interesse an der Umweltberichterstattung zeigen, ist diese für die 18- bis 19-Jährigen nur bedingt interessant. Nachgelassen hat hingegen in diesem Alter das Interesse an Inhalten wie Computerthemen oder Stars. Diese Altersgruppe widmet sich allerdings weit mehr den gesellschaftlichen Themen Nachrichten, Wirtschaft oder Bundespolitik.

Ein weiterer Unterschied zu den „Teenies" [Hervorheb. d. Verf.] ist die Tatsache, dass die Zeitung bei älteren Jugendlichen als Impulsgeber für Gespräche – vor allem im Freundeskreis – genutzt wird. Mehr als ein Drittel der ProbantInnen gab an, sich regelmäßig über die gelesene Inhalte zu unterhalten. Zum Vergleich spielen bei den 12- bis 13-Jährigen die Zeitungsthemen nur für knapp ein Viertel eine Rolle in Gesprächen.

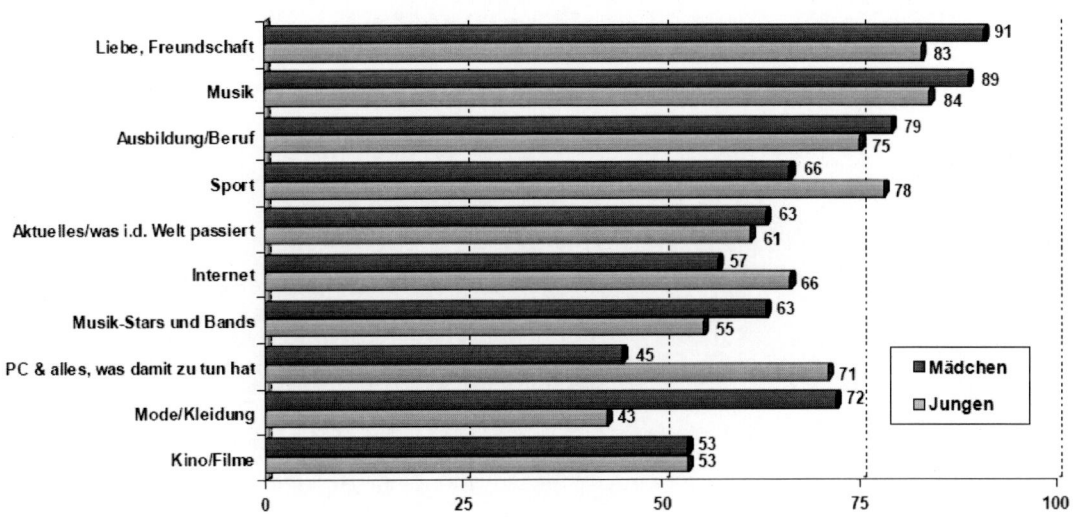

Abbildung 1: Themeninteressen Jugendlicher 2005 (1)

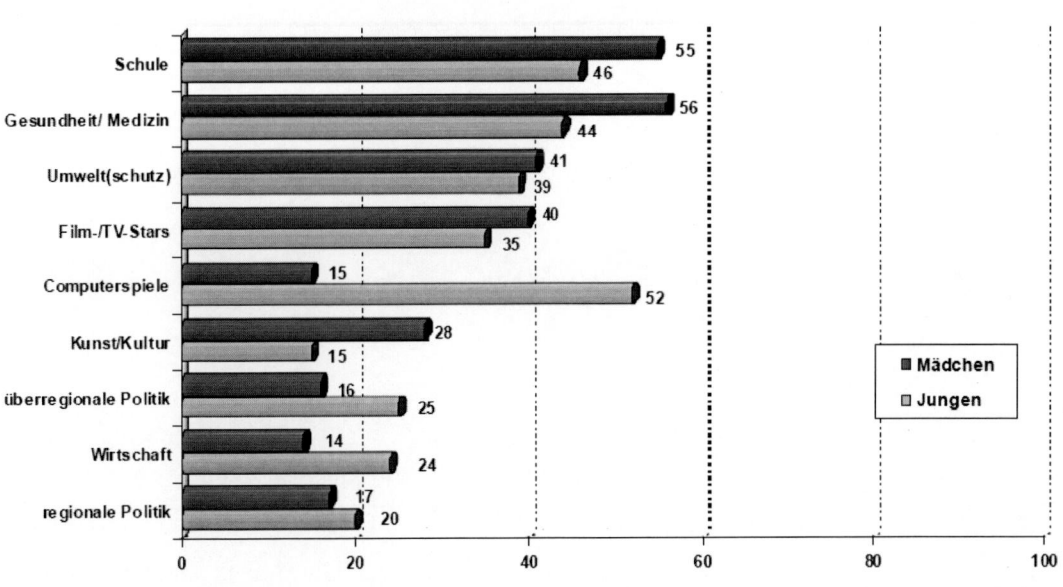

Abbildung 2: Themeninteressen Jugendlicher 2005 (2)

2.5. Untersuchungsgegenstand „Kronen-Zeitung"

2.5.1. Geschichte der Kronen-Zeitung

Die Kronen-Zeitung ist Österreichs größte Tageszeitung, deren Vorgängerin – *„Österreichs Kronen-Zeitung"* (Hervorheb. i. O.) – bereits am 2. Jänner 1900 das erste Mal erschien (vgl. Kaminski 2007: 91). Während des 2. Weltkrieges wurde sie vom nationalsozialistischen Regime übernommen, bevor sie schließlich 1944 mit anderen kleinformatigen Zeitungen zur *„Kleinen Wiener Kriegszeitung"* (Hervorheb. i. O.) zusammengeschlossen wurde (vgl. Seethaler 2005: 3). Von Beginn an setzte die *„Illustrierte Kronen-Zeitung"* (Hervorheb. i. O.), wie sie seit Anfang des 20. Jahrhunderts aufgrund der ungewöhnlich zahlreichen Bebilderung genannt wurde, auf einen populistischen Stil, Lokalberichterstattung und billigen Preis, um dem Ziel der Massenzeitung gerecht zu werden.

Im Oktober 1958 beschloss dann Hans Dichand, der bis zu diesem Zeitpunkt Chefredakteur des „Kurier" [Hervorheb. d. Verf.] war und diesen auch zur größten Tageszeitung in Österreich gemacht hatte, die Krone neu zu gründen.

Mit ihm an der Spitze begann 1959 der große Aufstieg der *„Neuen Kronen Zeitung"* (Hervorheb. i. O.), wobei im Jahr 2000 der Zusatz „Neue" (Hervorheb. i. O.) weg fiel (vgl. Seethaler 2005: 3). 1988 gründete die „Kronen Zeitung" [Hervorheb. d. Verf.] gemeinsam mit dem „Kurier" [Hervorheb. d. Verf.] die Mediaprint Zeitungsdruckereigesellschaft GesmbH & Co KG. Der somit größte Printmedienverbund Österreichs (vgl. Steinmaurer 2002: 19), mit weiteren Beteiligungen an Magazinen wie „Profil", „NEWS" und „trend" [Hervorheb. d. Verf.], weitete sich noch aus, als die Mediaprint- und die NEWS-Gruppe im Jahr 2000 eine umstrittene Kooperation eingingen (vgl. Steinmaurer 2002: 29).

2.5.2. Charakteristika

Die „Kronen Zeitung" erscheint sieben Tage die Woche mit einem Umfang von ungefähr 80 Seiten (vgl. Kaminski 2007: 92). Die kleinformatige Zeitung (DIN A4) mit dem Untertitel „unabhängig" kostet einen Euro (mit 1. August 2008 wurde aufgrund der hohen Treibstoffpreise der Preis der Boulevardzeitung von 90 Cent auf einen Euro angehoben) und ist mit Ausnahme von Vorarlberg in allen österreichischen Bundesländern mit einer Bundeslandausgabe und eigener Lokalberichterstattung präsent. Die Tageszeitung beinhaltet viele Kolumnen mit „kommentarhaftem Charakter" (Kaminski 2007: 92, Hervorheb. i. O.). Auch die relativ geringe Artikellänge (Obergrenze: 1600 Zeichen) und die intensive Illustration mit Bildern sind weitere Charakteristika der Zeitung.

Die Blattlinie der Krone lautet: „Die Vielfalt der Meinungen ihres Herausgebers und der Redakteure." (online 2009[6]), lässt also viel Spielraum für Interpretationen (vgl. Kaminski 2007: 92).

Das größte Printmedium Österreichs ist nicht nur die Zeitung der Mehrheit der ÖstereicherInnen, sondern ihre LeserInnen entsprechen auch dem Gesamtprofil der Bevölkerung (vgl. Bruck 1996: 42). Die Exklusivleserschaft hat großteils die gleiche soziodemografische Struktur wie alle anderen ÖsterreicherInnen. Abweichungen hingegen gibt es bei den Berufsgruppen, teilweise beim Bildungsniveau und vor allem in der regionalen Verteilung. Der Anteil der höher gebildeten Berufsgruppen ist bei den ExklusivleserInnen wesentlich niedriger als im Bevölkerungsschnitt, der Anteil der weniger qualifizierten ArbeiterInnen dementsprechend höher. Die stärksten Unterschiede stellen die Personen mit formal höherem Bildungsgrad dar. In Österreich gibt es einen Akademikeranteil von ungefähr fünf Prozent, die Krone-ExklusivleserInnen mit akademischem Titel belaufen sich aber nur auf ca. ein Prozent.

2.5.3. Auflage und Reichweite

Gemessen an der Einwohnerzahl ist die Kronen Zeitung mit knapp drei Millionen LeserInnen (14 Jahre und älter) bei einer Bevölkerungszahl von etwa acht Millionen eine der stärksten, erfolgreichsten und vor allem einflussreichsten Tageszeitungen der Welt (online 2009[7]; Media-Analyse 2008: o. S.). Sie hat damit annähernd dreimal so viele RezipientInnen wie ihre stärkste Konkurrenzzeitung, die „Kleine Zeitung" [Hervorheb. d. Verf.]. Die verbreitete Auflage beträgt laut Media-Analyse 2008 im ersten Halbjahr 820.768 Exemplare.

Die Druckauflage variiert je nach Wochentag zwischen ca. 913.000 und etwa 1.600.000 Exemplaren (siehe Grafik).

---

[6] http://www.krone.at/krone/S40/object_id__37371/hxcms/index.html (15.01.2009)
[7] http://www.zeit.de/1996/20/medien.txt.19960510.xml (15.01.2009)

Zeitraum	Bezeichnung	Titel	Ersch.	Druckauflage	Direktverkauf
1. Halbjahr 2008	Tageszeitungen - Kauf	KRONE GESAMT	Mo-Sa	956.402	803.833
1. Halbjahr 2008	Tageszeitungen - Kauf	KRONE GESAMT	Mo	915.421	777.841
1. Halbjahr 2008	Tageszeitungen - Kauf	KRONE GESAMT	Di	913.060	777.562
1. Halbjahr 2008	Tageszeitungen - Kauf	KRONE GESAMT	Mi	918.481	779.316
1. Halbjahr 2008	Tageszeitungen - Kauf	KRONE GESAMT	Do	972.900	775.240
1. Halbjahr 2008	Tageszeitungen - Kauf	KRONE GESAMT	Fr	1.057.623	897.337
1. Halbjahr 2008	Tageszeitungen - Kauf	KRONE GESAMT	Sa	957.379	810.491
1. Halbjahr 2008	Tageszeitungen - Kauf	KRONE GESAMT	So	1.617.038	1.334.286
1. Halbjahr 2008	Tageszeitungen - Kauf	KRONE STAMM	Mo-Sa	414.783	339.818
1. Halbjahr 2008	Tageszeitungen - Kauf	KRONE STAMM	Mo	392.121	321.575
1. Halbjahr 2008	Tageszeitungen - Kauf	KRONE STAMM	Di	394.160	323.507
1. Halbjahr 2008	Tageszeitungen - Kauf	KRONE STAMM	Mi	398.108	324.888
1. Halbjahr 2008	Tageszeitungen - Kauf	KRONE STAMM	Do	394.908	322.550
1. Halbjahr 2008	Tageszeitungen - Kauf	KRONE STAMM	Fr	483.500	397.718
1. Halbjahr 2008	Tageszeitungen - Kauf	KRONE STAMM	Sa	421.835	345.311
1. Halbjahr 2008	Tageszeitungen - Kauf	KRONE STAMM	So	806.431	662.390

Abbildung 3: Druckauflage der Kronen Zeitung -1.Halbjahr 2008

(Quelle: Media-Analyse 2008: o. S.)

Tageszeitungen - Kauf Detailangaben	KRONE GESAMT[2]	KRONE GESAMT[2]	KRONE GESAMT[2]	KRONE GESAMT[2]	KRONE GESAMT[2]	KRONE GESAMT[2]	KRONE STAMM[3]	KRONE STAMM[3]	KRONE STAMM[3]	KRONE STAMM[3]
GLOBALDATEN										
Erscheinungstage/-weise	Di	Mi	Do	Fr	Sa	So	Mo-Sa	Mo	Di	Mi
Anzahl Erscheinungen im Halbjahr	25	26	24	26	26	29	151	24	25	26
Einzelverkaufspreis	-	-	-	-	-	-	-	-	-	-
Abo-Preis	-	-	-	-	-	-	-	-	-	-
AUFLAGENKATEGORIEN										
Direktverkauf	777.562	779.316	775.240	897.337	810.491	1.334.286	339.818	321.575	323.507	324.888
Abonnements	669.971	670.078	670.374	670.412	662.573	591.558	253.692	255.008	255.128	255.091
Abo 80–100 %	613.469	613.537	613.715	613.705	606.517	540.952	234.032	235.308	235.496	235.462
Abo 51–79 %	53.995	54.035	54.149	54.188	53.532	48.091	18.952	18.992	18.923	18.921
Abo 30–50 %	2.507	2.505	2.510	2.519	2.523	2.515	708	708	709	708
Einzelverkauf	107.591	109.238	104.867	226.925	147.918	23.043	86.126	66.567	68.379	69.797
EV 80–100 %	107.534	109.183	104.789	226.833	147.816	23.043	86.050	66.490	68.323	69.742
EV 51–79 %	0	0	17	0	0	0	3	0	0	0
EV 30–50 %	57	56	61	93	102	0	74	77	55	55
SB Sonntag	0	0	0	0	0	719.685	0	0	0	0
Großverkauf	16.327	16.728	17.023	17.598	17.913	16.453	10.723	9.900	10.350	10.776
nach Erlös										
GV 80–100 %	2.307	2.312	2.333	2.319	2.160	1.360	986	1.009	991	997
GV 51–79 %	5.277	5.322	5.415	5.481	6.265	4.284	2.707	2.840	2.510	2.606
GV 30–50 %	8.743	9.094	9.275	9.798	9.489	10.810	7.030	6.052	6.849	7.173
nach Vertrieb										
Großabos adressiert	2.791	2.789	2.788	2.790	2.670	1.422	1.099	1.117	1.117	1.117
Großabos unadressiert	2.697	2.691	2.691	2.695	2.452	2.075	1.278	1.318	1.314	1.312
GV Einzelausgabe adressiert	0	0	0	0	0	0	0	0	0	0
GV Einzelausgabe unadressiert	0	0	0	0	0	0	0	0	0	0
Bord-, Lesezirkel-, Hotelex.	10.839	11.249	11.544	12.114	12.792	12.957	8.346	7.466	7.920	8.347
Verkaufte Auflage										
hiervon Großverkauf max. 17,5 %	793.889	796.045	792.263	914.935	828.405	1.350.740	350.541	331.475	333.857	335.664
Verkaufte Auflage mit erweitertem Großverkauf										
hiervon Großverkauf max. 35 %	0	0	0	0	0	0	0	0	0	0
SB Wochentage	0	0	0	34	46	0	0	0	0	0
Sonstige bezahlte Auflage	14	14	14	14	14	12	7	7	7	7
Mitgliederexemplare	0	0	0	0	0	0	0	0	0	0
Zielgruppenversand	0	0	0	0	0	0	0	0	0	0
ZV auf Bestellung	0	0	0	0	0	0	0	0	0	0
ZV ohne Bestellung	0	0	0	0	0	0	0	0	0	0
Gratisvertrieb	39.876	40.982	100.117	43.096	38.622	31.467	19.188	19.490	18.692	19.348
adressiert	26.554	27.485	29.116	28.243	26.422	20.946	11.654	12.297	11.077	11.493
unadressiert an Haushalte	8.517	8.391	65.378	8.546	7.575	7.173	3.890	3.832	4.030	4.020
Gratisentnahme	0	0	0	0	0	0	0	0	0	0
Gratisverteilung und sonstige	4.806	5.106	5.623	6.306	4.625	3.348	3.643	3.361	3.584	3.835
Auslandsauflage	4.975	4.894	4.879	5.604	5.429	4.571	4.766	4.594	4.627	4.548
Restauflage	74.305	76.546	75.627	93.940	84.864	230.248	40.281	36.554	36.977	38.541
Druckauflage	913.060	918.481	972.900	1.057.623	957.379	1.617.038	414.783	392.121	394.160	398.108
REGIONALAUFLAGEN										
Stammbundesland	-	-	-	-	-	-	-	-	-	-
Verk. Stammbundesland max. 17,5 %	-	-	-	-	-	-	-	-	-	-
Verk. Stammbundesland max. 35 %	-	-	-	-	-	-	-	-	-	-
Verk. restl. Bundesländer max. 17,5 %	-	-	-	-	-	-	-	-	-	-
Verk. restl. Bundesländer max. 35 %	-	-	-	-	-	-	-	-	-	-
TARIFE										
1/1 Seite s/w	29.971,50	29.971,50	31.402,50	31.402,50	31.402,50	31.959,00	-	20.511,00	20.511,00	20.511,00
1/1 Seite 4c	29.971,50	29.971,50	31.402,50	31.402,50	31.402,50	31.959,00	-	20.511,00	20.511,00	20.511,00
Juniorpage s/w	-	-	-	-	-	-	-	-	-	-
Juniorpage 4c	-	-	-	-	-	-	-	-	-	-

Abbildung 4: Kronen Zeitung Detailangaben

(Quelle: Media-Analyse 2008: o. S.)

2.6. Der "Uses and Gratifications Approach"

Der „Uses and Gratifications Approach" oder auch „Nutzen- und Belohnungsansatz" ist ein Modell der Mediennutzungsforschung und untersucht die interindividuellen Unterschiede der Mediennutzungsmotive. Er stellt also die aktive Rolle der RezipientInnen im Umgang mit Massenmedien in den Vordergrund (vgl. Katz/Foulkes 1962: 377-388; Meyen 2001: 11).

Somit widerspricht er dem „Wirkungsansatz" [Hervorheb. d. Verf.] des älteren „Stimulus-Response-Modells" [Hervorheb. d. Verf.].

Die zentrale Annahme des U&G-Approach (Uses and Gratifications Approach) besagt, dass die MedienrezipientInnen die Massenmedien aufgrund verschiedener Erwartungen und Bedürfnisse nutzen (vgl. Pürer 1998: 108). Sie versprechen sich von ihrer Nutzung Gratifikationen (Belohnungen). Einfach formuliert: menschliche Bedürfnisse führen zu einer bestimmten Mediennutzung. Die Initiative zur Medienzuwendung liegt folglich nicht auf der Medien-, sondern auf der Rezipientenseite (vgl. Schweiger 2007: 61).

Katz, Blumler und Gurevitch (1974: 20) beschrieben die grundsätzlichen Ziele des U&G-Approach folgendermaßen:

> (1) the social and psychological origins of (2) needs, with generate (3) expectations of (4) the mass media or other sources, which lead to (5) differential patterns of media exposure (or engagement in other activities), resulting in (6) need gratifications and (7) other consequences, perhaps mostly uninted ones. (Katz/Blumer/Gurevitch 1974: 20).

Die klassische Wirkungsforschung beschäftigt sich mit der Frage „Was machen die Medien mit den Menschen?" [Hervorheb. d. Verf.], sie untersucht den Einfluss von Medieninhalten auf RezipientInnen, während der U&G-Ansatz der Frage nachgeht, wie die individuell-menschlichen Bedürfnisse den Medienumgang prägen, „Was machen die Menschen mit den Medien?" [Hervorheb. d. Verf.] (vgl. Katz/Foulkes 1962: 377-388).

Eine weitere Annahme dieses Ansatzes lautet, dass Medien in unmittelbarer, direkter Konkurrenz zu anderen Mitteln stehen, welche der Bedürfnisbefriedigung dienen (vgl. Rubin 2000: 139).

Jede Person entscheidet sich beispielsweise zwischen den Alternativen „Fernsehen" oder „Spaziergang", „Radio einschalten" oder „Freunde treffen" [Hervorheb. d. Verf.]. Das Vorhandensein freier Wahlentscheidungen unterstreicht die Grundannahme der aktiv-bewussten Medienentscheidung.

Die vierte Grundannahme des U&G-Approach erfuhr viel Kritik, da sie davon ausgeht, dass sich menschliche Bedürfnisse der Beobachtung von außen verschließen und deshalb nur mittels

Selbstauskunft ermittelt werden können. Die befragten RezipientInnen müssen sich aus diesem Grund ihrer Nutzungsmotive bewusst sein und diese benennen können.

Laut Katz und Foulkes (1962: 377-388) basiert der U&G-Ansatz auf dem theoretischen Konzept des „Symbolischen Interaktionismus" (Hervorheb. i. O.). Medien können demnach mehrere verschiedene Bedürfnisse befriedigen. Die beiden Sozialwissenschaftler nehmen in ihrem Werk eine Unterteilung in vier grundlegende Bedürfnisse vor:

- **Kognitive Bedürfnisse:**

    Menschen nutzen Medien um sich zu informieren, ihr Wissen zu vermehren und dadurch die Welt und sich selbst besser verstehen zu können.

- **Affektive Bedürfnisse:**

    Medien können auch zur Unterhaltung, Spannung oder Entspannung genutzt werden. Zum Beispiel wird Musik zur Aufhellung der Stimmung gehört, oder das Fernsehen mit dem Motiv der Alltagsflucht konsumiert.

- **Interaktive Bedürfnisse:**

    Medien geben Gesprächsstoff und erleichtern somit den Kontakt zu anderen Menschen. Sie können aber genauso als Ersatz für nichtanwesende Personen fungieren.

- **Integrative Bedürfnisse:**

    Medien können unter bestimmten Umständen auch dazu beitragen, das menschliche Bedürfnis nach Vertrauen, Stabilität und Glaubwürdigkeit zu stillen. So können beispielsweise Nachrichten dem/der Rezipienten/in das Gefühl vermitteln, dass in unmittelbarer Nähe alles in Ordnung ist.

Aufgrund der Annahmen des Uses and Gratifications Approach kann abgeleitet werden, dass Jugendliche Medien nur dann nutzen, wenn diese für sie bestimmte Erwartungen erfüllen bzw. Gratifikationen bieten. Erfüllt beispielsweise eine Zeitung diese nicht, wird sich der/die Jugendliche einem anderen Medium zuwenden, welches diese erfüllt (vgl. Koblinger 2007: 55). Die Mediennutzung eines(r) Jugendlichen ist also immer von seinen (ihren) individuellen menschlichen Bedürfnissen abhängig. Diese spielen sich nicht nur auf rationaler Ebene, sondern vor allem auch auf der emotionalen Ebene ab. Durch die inhaltsanalytische Erfassung der Darstellungsformen möglicher emotional-gratifizierender Elemente innerhalb des Printmediums „Kronen Zeitung" [Hervorheb. d. Verf.] wird diese Feststellung im folgenden Kapitel 3 genauer ergründet.

Aufgrund der aus Kapitel 2.2 und 2.3 abgeleiteten Ergebnisse lässt sich schließen, dass die Zeitungen den jungen LeserInnen zu wenige Gratifikationen bieten, oder auch zu wenig auf deren Wünsche, Ansprüche und Erwartungen eingehen (vgl. ebd.: 55).

Die Fragen, die sich ein Zeitungsverleger stellen muss lauten daher: „Wie kann ich die Bedürfnisse, Erwartungen und Ansprüche der jungen Menschen an die Zeitung erfüllen?", „Welchen Nutzen sehen Jugendliche in einer Tageszeitung?".

3. Empirischer Teil: Inhaltsanalyse

Laut Atteslander (2006: 194) sollte jede empirische Untersuchung mit einer genauen Auflistung der zentralen Forschungsfragen beginnen, um so besser entscheiden zu können, welches Datenerhebungsinstrument das am besten geeignete zu deren Beantwortung ist.

Der Forschungsablauf wird in drei Bereiche unterteilt:

- Entdeckungszusammenhang
- Begründungszusammenhang
- Verwertungszusammenhang

Der Entdeckungszusammenhang nennt die Motive und Interessen, weshalb die Forschungsfragen untersucht werden sollen.

Mittels des Begründungszusammenhangs wird geklärt, mit welchem spezifischen methodischen Verfahren das Problem zu bearbeiten ist. Außerdem wird das Analysematerial festgelegt und ein Kategoriensystem erstellt, anhand dessen der Untersuchungsgegenstand schließlich analysiert wird.

Im Verwertungszusammenhang wird dann auf die Frage der Präsentation und der Wirkung der Ergebnisse in der Öffentlichkeit näher eingegangen (vgl. Atteslander 2006: 195).

3.1 Forschungsfrage und Hypothesen

Entdeckungszusammenhang

Anhand dieser Arbeit soll festgestellt werden, was die Kronen Zeitung unternimmt, um jugendliche LeserInnen anzusprechen. Es gilt zu analysieren, ob sich die Tageszeitung bei ihrer aktuellen Berichterstattung an den Wünschen und Erwartungen der jungen Leserschaft orientiert, um diese zu erreichen. Deshalb wird untersucht, ob Österreichs größtes Printmedium den Jugendlichen genügend Anreize und Gratifikationen bietet, damit diese die Tageszeitung regelmäßig als Informations- oder Unterhaltungsquelle nutzen.

Die zentrale Forschungsfrage lautet deshalb: „Wie versucht die Kronen-Zeitung Jugendliche zu erreichen?". Als Untersuchungsgegenstand werden darum sieben Ausgaben (eine natürliche Woche) vom Herbst 2008 der Kronen Zeitung analysiert, und zwar jene vom Sonntag, 19. Oktober, Montag, 27. Oktober, Dienstag, 4. November, Mittwoch, 12. November, Donnerstag, 20. November, Freitag, 28. November und Samstag, 6. Dezember 2008.

Wie bereits in der Einleitung erwähnt, möchte der Autor in dieser empirischen Untersuchung herausfinden, inwiefern die Kronen Zeitung die Themeninteressen des jungen Lesersegments berücksichtigt beziehungsweise darauf eingeht. Aus diesem Grund habe ich folgende Fragestellung ausgearbeitet:

Forschungsfrage:

- *Orientiert sich die Kronen Zeitung an den Wünschen und Bedürfnissen junger LeserInnen, um diese zu erreichen?*

In Ahnlehnung an diese Fragestellung wurden folgende Hypothesen aufgestellt:

Hypothese 1: Die Kronen Zeitung orientiert sich bei der Berichterstattung an den Themenwünschen jugendlicher RezipientInnen.

Hypothese 2: Die Kronen Zeitung bietet den Jugendlichen genügend Leseanreize in Form von Bildern.

Hypothese 3: Die Kronen Zeitung bietet den jugendlichen LeserInnen genügend Leseanreize in Form von kurzen Beiträgen.

Hypothese 4: Die Kronen Zeitung bietet der jungen Leserschaft zu wenig Leseanreize in Form von Themen, die mit der Berufswahl der Jugendlichen bzw. unmittelbar mit deren Zukunft zu tun haben.

Hypothese 5: Die Kronen Zeitung bietet den jungen LeserInnen zu wenig Leseanreize in Form von Karikaturen.

Hypothese 6: Die Kronen Zeitung berichtet vorwiegend negativ über Jugendliche.

Hypothese 7: In den klassischen Ressorts Politik, Wirtschaft und Kultur wird zuviel Hintergrundwissen vorausgesetzt.

Hypothese 8: In der Berichterstattung der Kronen Zeitung wird ausreichend „jugendgerechte" Sprache verwendet.

Die aufgestellten Hypothesen beziehen sich - abgesehen von Hypothese 1 und 6 - ausschließlich auf die Ressorts Politik, Wirtschaft und Kultur.

Begründungszusammenhang

Anhand der Inhaltsanalyse, einer Methode der empirischen Sozialforschung, sollen die von mir aufgestellten Forschungsfragen beantwortet – und die Hypothesen falsifiziert oder bestätigt werden. Für Atteslander (2006: 3) ist die empirische Sozialforschung *„die systematische Erfassung und Deutung sozialer Tatbestände"*.

Dazu gilt es vorab die Begrifflichkeiten „empirisch", „systematisch" und „soziale Tatbestände" zu definieren. „Empirisch" bedeutet erfahrungsgemäß, „systematisch" besagt, dass der gesamte Forschungsablauf nach bestimmten Voraussetzungen geplant und in jeder einzelnen Phase nachvollziehbar sein muss (vgl. Atteslander 2006: 3). Unter „sozialen Tatbeständen" versteht man das beobachtbare menschliche Verhalten, von Menschen geschaffene Gegenstände sowie durch Sprache vermittelte Meinungen, Informationen über Erfahrungen, Einstellungen, Werturteile und Absichten. Dazu zählen ebenfalls in der Zeitung erscheinende Artikel.

Merten (1983: 57) definiert die Inhaltsanalyse als *„eine Methode zur Erhebung sozialer Wirklichkeit, bei der von Merkmalen eines manifesten Textes auf Merkmale eines nichtmanifesten Kontextes geschlossen wird."*

„Mittels Inhaltsanalyse lassen sich Kommunikationsinhalte wie Texte, Bilder und Filme untersuchen, wobei der Schwerpunkt auf der Analyse von Texten liegt." (Atteslander 2006: 181).

Diese Aussage bestätigt, dass sich die Inhaltsanalyse optimal eignet, um Texte auf bestimmte Merkmale hin zu untersuchen.

Auch für Pürer (2003: 553) bietet sie die Möglichkeit, angefangen von einfachen Frequenzanalysen (z.B.: Aufzählung einzelner Themen einer Zeitungsausgabe), Beschreibung von Programm- und Textstrukturen bis hin zu komplexen Sprach- oder Text/Bild-Analysen, die Medieninhalte systematisch zu erfassen und so zu interpretieren, dass Rückschlüsse auf soziale Kontexte oder sogar die Kommunikatoren möglich sind.

3.2. Untersuchungskategorien

Das Erstellen eines Kategoriensystems ist der Kernpunkt jeder Inhaltsanalyse (vgl. Atteslander 2006: 189). Es bezeichnet die Gesamtheit der einzelnen Kategorien jeder inhaltsanalytischen Untersuchung und ist entscheidend für ihr Gelingen. Mittels des Kategoriensystems erfolgt die Operationalisierung der Forschungsfragen, welche wiederum der Konkretisierung auf die für die Untersuchung relevanten Zusammenhänge dienen.

Atteslander (2006: 190) verweist auf sechs Kriterien, welche ein Kategoriensystem erfüllen muss:

- *Das Kategoriensystem muss aus den Untersuchungshypothesen theoretisch abgeleitet sein.*
- *Die Kategorien eines Kategoriensystems müssen voneinander unabhängig sein (d.h. sie dürfen nicht stark miteinander korrelieren), das ist besonders für die statistische Auswertung wichtig.*
- *Die Ausprägungen jeder Kategorie müssen vollständig sein.*
- *Die Ausprägungen jeder Kategorie müssen wechselseitig exklusiv sein, sie dürfen sich nicht überschneiden und müssen trennscharf sein.*
- *Die Ausprägungen jeder Kategorie müssen nach einer Dimension ausgerichtet sein (einheitliches Klassifikationsprinzip).*
- *Jede Kategorie und ihre Ausprägungen müssen eindeutig definiert sein.*

In Anlehnung an meine Forschungsfragen und Hypothesen habe ich folgendes Kategoriensystem erarbeitet bzw. zum Teil aus den Magisterarbeiten „Jugendliche LeserInnen: Das missachtete Publikum?" von Johannes Koblinger aus dem Jahr 2007 und „Qualitätsmerkmale der Politikberichterstattung" von Birgit Koxeder (2006) als Basis für die vorliegende Arbeit adaptiert.

Die im Anschluss angeführten Kategorien beziehen sich mit Ausnahme von „Artikel nach Themenrubriken" [Hervorheb. d. Verf.] und „Anzahl der Jugendberichte" [Hervorheb. d. Verf.] alle auf die drei klassischen Ressorts Politik, Wirtschaft und Kultur.

Artikel nach Themenrubriken

In Anlehnung an die ZiS-Studie „Jugendliche und Zeitunglesen" (Böck 2005: 33) wurden für die vorliegende Untersuchung 23 Themenrubriken übernommen. Diese repräsentiert die Themenwünsche der Jugendlichen in Zeitungen.

Folgende Themenrubriken wurden ausgewählt:

Themenrubriken	
1 = TV (Programm, Berichte, Kritiken)	13 = Beauty, Schönheit, Kosmetik
2 = Unfälle, Verbrechen, Katastrophen	14 = Wissenschaft, Technik, Forschung, Auto
3 = Horoskope	15 = Urlaub, Reisen
4 = Rätsel, Witze, Cartoons	16 = Computer, Computerspiele
5 = Veranstaltungstipps	17 = Unterhaltung, Entspannung
6 = Sport	18 = Wirtschaft
7 = Szene, Prominenz, Stars	19 = Hintergrund, Kommentar, Leserbriefe
8 = Regionales/Lokales aus dem Bundesland	20 = Kulturberichte, kulturelle Ereignisse
9 = Kino/Filmkritiken	21 = Wellness, Gesundheit, Fitness
10 = Politik (*Innen-, Außen-, Wirtschafts-, Kulturpolitik, Justiz/Gesetz, Krieg/Terror/Unruhen*)	22 = Internet, Chatten, usw.
11 = Jugendseite	23 = Sonstiges
12 = Mode, Bekleidung, neueste Trends	

Abbildung 5: ausgewählte Themengebiete in Anlehnung an die ZiS-Studie „Jugendliche und Zeitung" (vgl. Böck 2005: 33)

Die vorliegende Untersuchung konzentriert sich allerdings wie erwähnt großteils auf die drei Themenrubriken Politik, Wirtschaft und Kultur. Ziel ist es herauszufinden, inwieweit diese Ressorts eine jugendgerechte Berichterstattung bieten. Dennoch wird Österreichs auflagenstärkstes Medium „quergelesen" [Hervorheb. d. Verf.], um eine grobe Einschätzung vornehmen zu können, inwiefern die 23 Themenrubriken bei den analysierten Ausgaben abgedeckt werden. Diese Untersuchung wird jedoch ohne detaillierte Auflistung der Artikelanzahl der jeweiligen Themenrubrik durchgeführt, da dies den Rahmen dieser Arbeit sprengen würde.

Artikellänge

Mit dieser Kategorie soll die Länge der untersuchten Artikel festgestellt werden. Wie im theoretischen Teil bereits beschrieben, beklagen junge RezipientInnen oftmals die zu lange Berichterstattung. Die Sozialwissenschaftler konnten sich bis jetzt noch auf keine „magische Länge" (Hervorheb. i. O.) eines Artikels einigen, über die hinaus Beiträge von Jugendlichen nicht mehr gelesen werden (vgl. Koblinger 2007: 68).

In Anlehnung an Koblinger (vgl. ebd.) wurden folgende Ausprägungen für die Untersuchung herangezogen:

- 0 - 200 Wörter = kurzer Artikel
- 201 – 400 Wörter = Artikel mittlerer Länge
- über 401 Wörter = langer Artikel

Diese Kategorie umfasst ausgewählte Beiträge der Krone, die sich innerhalb der drei klassischen Ressorts Politik, Wirtschaft und Kultur befinden.

Anzahl der Jugendberichte

In dieser Kategorie werden alle Beiträge der Kronen Zeitung berücksichtigt, die entweder für oder über Jugendliche berichten. Hierbei wird eine Differenzierung in folgende drei Kategorien vorgenommen:

- Berichte für Jugendliche (positiv)
- Berichte über Jugendliche (positiv)
- Berichte über Jugendliche (negativ)

Berichte für Jugendliche (positiv)
Diese Ausprägung beinhaltet Beiträge, die dem sozialen sowie kulturellen Leben, oder der Freizeitgestaltung junger Menschen dienlich sein können.
Dazu zählen Artikel, die im Zusammenhang mit der Aus- und Weiterbildung Jugendlicher stehen, sowohl in beruflicher, allgemeiner und auch sozialer Hinsicht. Aber auch
Veranstaltungshinweise aller Art (Konzerte, Clubbings, Kino, Ausstellungen, etc.) oder Berichte über neue Medien (Computer, Internet) werden dieser Sparte zugeordnet.

Berichte über Jugendliche (positiv)

Unter dieser Ausprägung wird eine Berichterstattung gemessen, deren Inhalte eine positive Einstellung den jungen RezipientInnen gegenüber verdeutlicht.

Berichte über Jugendliche (negativ)

In diversen Zeitungsartikeln finden sich auch immer wieder negativ behaftete Äußerungen über Jugendliche. Daher werden in dieser Ausprägung alle Berichterstattungen mit nicht erfreulichen Inhalten behandelt. Darunter verstehen sich Berichte über Problemthemen, die oftmals Heranwachsenden angelastet werden, wie Alkohol, Drogen, Verbrechen, Gewalt, Arbeitslosigkeit, usw.

Bei dieser Ausprägung werden alle Artikel der „natürlichen Woche" [Hervorheb. d. Verf.] berücksichtigt. Es soll lediglich ermittelt werden, wie viele Artikel im Durchschnitt pro Ausgabe in eine der drei Darstellungsformen einzuordnen sind.

Schlagzeilen-, Text- und visueller Anteil

Der Anteil der Schlagzeilen, des Fließtextes und der visuellen Elemente wird in Quadratzentimetern angegeben. Wobei Bilder, Fotos, Karikaturen, Comics und Informationsgrafiken als visuelle Elemente zusammengefasst werden.

Da Jugendliche wie in Kapitel 2.4 erwähnt stark visuell orientiert sind, ist dieses Kriterium von besonderer Bedeutung dafür, ob junge RezipientInnen einen Artikel lesen oder nicht.

Artikel die optisch zu lang erscheinen werden oftmals nur überflogen oder gar nicht gelesen.

Hier ist anzumerken, dass wiederum jeweils zwei bis drei Artikel der ausgewählten Untersuchungseinheiten abgemessen wurden (Ressorts Politik, Wirtschaft und Kultur).

Gesamtfläche des Artikels

Diese wird durch die Addition der in der Kategorie „Schlagzeilen-, Text- und visueller Anteil" angeführten Elemente errechnet. D.h.: Fläche der Schlagzeile + Fläche des Fließtextes + Fläche der visuellen Elemente eines Artikels ergibt die Artikelfläche.

Es wird also die gesamte Fläche eines Beitrags - inklusive Bebilderung und Weißraum zwischen den Spalten – berechnet.

Anteil Artikel mit visuellen Elementen

An dieser Stelle wird das Verhältnis von Artikeln ohne visuelle Elemente, zu jenen mit visuellen Darstellungsformen errechnet. Als Untersuchungsgegenstand werden wieder Artikel aus den Ressorts Politik, Wirtschaft und Kultur der sieben ausgewählten Untersuchungseinheiten herangezogen.

Politainment

Politainment bezeichnet die Durchdringung der Politikberichterstattung mit unterhaltenden Faktoren. Dabei kann man zwischen Personalisierung, Sensationalisierung und Konflikthaltigkeit unterscheiden.
Unter Personalisierung versteht man, wenn Fakten, die in Artikeln vermittelt werden, ausschließlich an Personen festgemacht sind.
Die Sensationalisierung bezieht sich auf die übertriebene Darstellung eines Sachverhalts.
Ein Beitrag gilt als konflikthaltig, wenn darin zwei - oder mehrere Akteure mit gegensätzlichen Ansichten dargestellt werden, wobei die Absicht des/der jeweiligen Anderen kritisiert wird.

Diese Kategorie bezieht sich jedoch nicht ausschließlich auf die untersuchten Artikel aus dem Bereich Politik, sondern auch auf die Ressorts Wirtschaft und Kultur, da eine Abgrenzung der einzelnen Themengebiete oft nicht trennscharf ist (z.B.: Überschneidung von Politik und Wirtschaft).

Sprache

Sprache meint die Verständlichkeit und Einfachheit der Sätze. Viele junge Menschen empfinden die Tageszeitung als zu „trocken", zu „langweilig" oder schlichtweg zu „kompliziert (vgl. Bisiaux 2002: 373, Hervorheb. i. O.). Die deutliche Mehrheit der befragten Jugendlichen wünscht sich Verständlichkeit (nicht zu viele Fremdwörter oder Fachausdrücke), Einfachheit und Übersichtlichkeit. Das bedeutet einfache Wörter, kurze verständliche Sätze (Vermeidung von Schachtelsätzen) bzw. Artikel und eine stärkere Orientierungshilfe wie die Kennzeichnung jedes Spartes. Sie wollen sich als TageszeitungsleserInnen schnell einen Überblick verschaffen können, zum Artikelkern kommen, und verstehen, um was es in dem Text geht, also was er bedeutet. Weiters legt die junge Leserschaft großen Wert auf einen gemäßigt unterhaltenden Sprachstil, etwa eine Mischform aus Information, Lockerheit, Lebendigkeit und Humor, der nicht allzu dogmatisch ernsthaft auftritt. Statt einer trockenen Nachricht bevorzugen sie eine satirische bzw. ironische Darstellung der Probleme. Kurz: Lebendigkeit sowohl in der Sprache, als auch im Layout wird bevorzugt.

Emotionalisierende Überschrift

Für eine Boulevardzeitung wie die Krone ist die Schlagzeile überaus wichtig, da sie einen Kaufreiz geben – und die RezipientInnen zum Weiterlesen des darunter stehenden Artikels anregen soll. Bei der jungen Leserschaft (wie auch bei Erwachsenen) erwecken emotionalisierende Wörter, sowie semantische oder visuelle Reize in der Überschrift deren Neugier.
Es werden dabei nur die Schlagzeilen analysiert, Untertitel, Lead, etc. finden keine Berücksichtigung. Die Überschrift wird dabei auf emotionalisierende Wörter hin untersucht.

Emotionalisierender Wortschatz

Darunter versteht man verwendete Ausdrücke, die bei dem/der LeserIn Emotionen wie beispielsweise Zorn, Angst, Wut, etc. auslösen können.

Superlative

Superlative dramatisieren Beiträge in Tageszeitungen und dienen dazu, sie der Leserschaft als außergewöhnlich zu verkaufen. Beispiele für Superlative sind: die offenste aller Fragen, Rekordarbeitslosigkeit, oberste Priorität, etc.

Anzahl der Artikel mit Hintergrundinformationen

Hierbei werden Artikel auf das Vorhandensein von etwaigen Hintergrundinformationen untersucht, da dies einen von vielen Kritikpunkten junger ZeitungsleserInnen darstellt. In der vorliegenden Arbeit beschränkt sich der Verfasser auf die drei Ressorts Politik, Wirtschaft und Kultur, da bei diesen Themenrubriken der persönlichen Meinung des Autors nach am meisten Hintergrundwissen von Nöten ist.

Verwertungszusammenhang

Es ist anzumerken, dass diese empirische Untersuchung keineswegs repräsentativ ist. Dazu müssten wesentlich mehr Exemplare der Kronen Zeitung untersucht und analysiert werden. Dennoch lassen sich mit dieser Arbeit durchaus Tendenzen aufzeigen, was Österreichs größte Tageszeitung jugendlichen LeserInnen bietet, denen in weiterer Folge nachgegangen werden könnte.

4. Ergebnisse der Untersuchung

Im folgenden Kapitel werden die Ergebnisse der Inhaltsanalyse der Kronen Zeitung zusammengefasst und präsentiert.

Artikellänge

Hierzu wurden aus den sieben Untersuchungseinheiten insgesamt 18 Artikel als Stichprobe herangezogen (pro Ausgabe je ein Artikel aus den Bereichen Politik, Wirtschaft und Kultur, wobei zweimal kein Kulturteil – und einmal kein Wirtschaftsteil vorhanden war). Die Auswertung ergab, dass 11 der 18 zufällig ausgewählten Beiträge „kurze Artikel" waren. Somit bestehen 61,1 Prozent der analysierten Beiträge aus weniger als 200 Wörtern. Sechs Artikel, also genau ein Drittel (33,3 Prozent) konnten als „Artikel mittlerer Länge" identifiziert werden. Lediglich ein Beitrag (knapp 5,6 Prozent) geht als „langer Artikel" in die Statistik ein.
Die durchschnittliche Wortanzahl pro Artikel liegt bei 206 Wörtern.

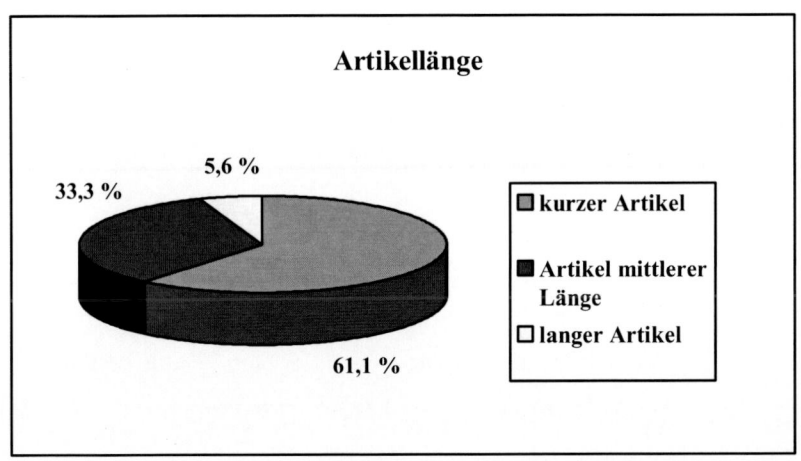

Abbildung 6: Prozentuelle Verteilung der Artikel nach Länge (Gesamt 18)

Zusammenfassend kann man für diesen Messpunkt sagen, dass bei der Kronen Zeitung die „kurzen Artikel" stark dominieren, gefolgt von Beiträgen „mittlerer Länge". Wo hingegen „lange Artikel" kaum bis gar nicht vorhanden sind. Bei einer Durchschnittswortanzahl von gerade einmal 206 Wörtern pro Artikel wird die Krone ihrem Ruf als „einfach zu lesendes Medium" [Hervorheb. d. Verf.] gerecht. Es kann daher festgehalten werden, dass Österreichs größtes Printmedium die Kriterien der jugendlichen Leserschaft diesbezüglich voll und ganz erfüllt. Denn wie in Kapitel 2.4 beschrieben lieben es Jugendliche kurz und prägnant.

Anzahl der Jugendberichte

In dieser Rubrik wurden alle sieben Untersuchungseinheiten der Krone „quergelesen". Im gewählten Untersuchungszeitraum fanden sich insgesamt 21 Berichte, die entweder für oder über Jugendliche verfasst waren. Davon fallen 18 (85,7 Prozent) in die Kategorie „für Jugendliche (positiv)", zwei (9,5 Prozent) in die Kategorie „über Jugendliche (positiv)" und einer (4,8 Prozent) unter „über Jugendliche (negativ)".

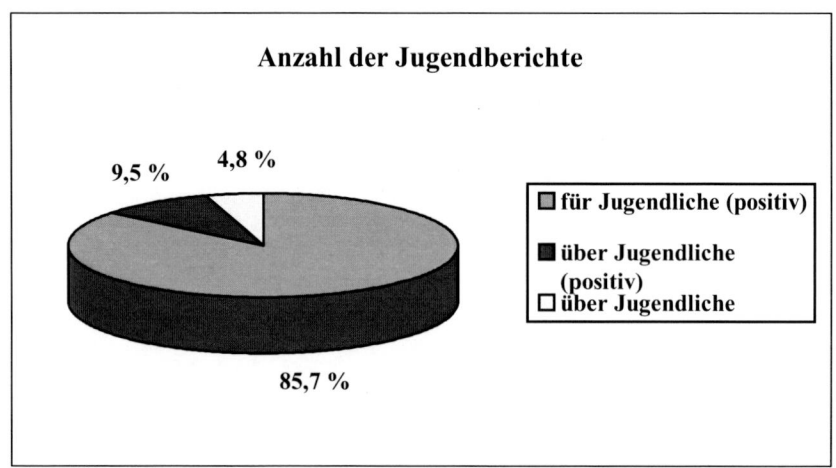

Abbildung 7: Prozentuelle Verteilung der unterschiedlichen Jugendberichterstattung (Gesamt 21)

Bedenkt man, dass sieben Ausgaben der Tageszeitung untersucht wurden, ergeben 21 Artikel über Jugendliche gerade mal einen Schnitt von drei Beiträgen pro Ausgabe. Wenn jedoch berichtet wurde, dann hauptsächlich Beiträge, die dem sozialen sowie kulturellen Leben, oder der Freizeitgestaltung junger Menschen dienlich sein können (18 Beiträge). In zwei Artikeln wurde positiv – und in einem negativ über Heranwachsende geschrieben.

Visuelle Elemente / Gesamtfläche der Artikel

Die Analyse und Abmessung der untersuchten Artikel ergab eine durchschnittliche Artikelgröße von 229,69 cm². Wobei der Text mit einem Durchschnittswert von 115,24 cm² ziemlich genau die

Hälfte der analysierten Beiträge ausmachte. Die Bilder nahmen im Schnitt 88,64 cm² ein, diese Zahl bezieht sich jedoch auf den Durchschnitt der 18 Untersuchungseinheiten. Hier muss erwähnt werden, dass fünf Artikel ohne visuelles Element ausgewertet wurden, das bedeutet die durchschnittliche Bildfläche beträgt bei Artikeln mit visueller Unterstützung eigentlich 122,74 cm² (aufgerechnet auf die verbleibenden dreizehn Artikel). Bis auf eine Ausnahme waren alle visuellen Elemente Fotos.

Die Überschriften nahmen einen Platz von 25,81 cm² pro Artikel ein.

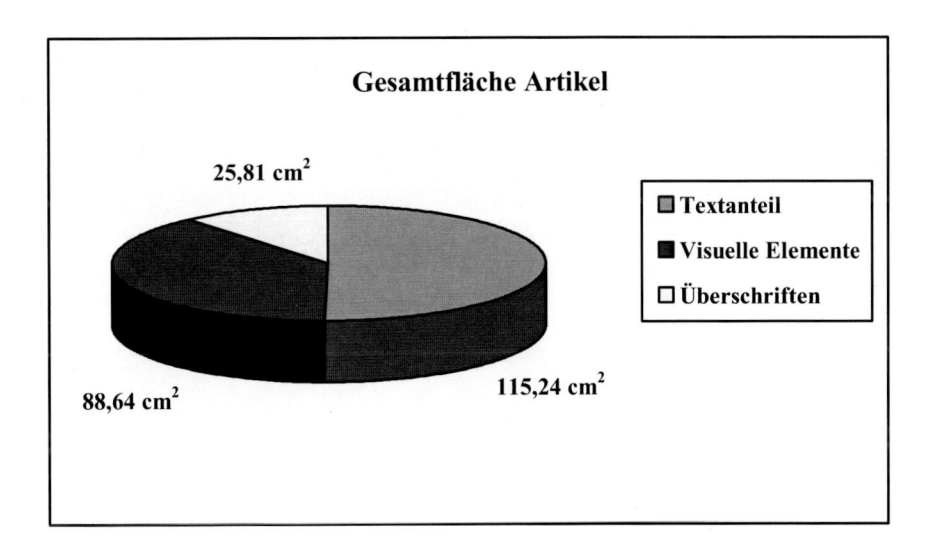

Abbildung 8: Durchschnittliche Gesamtfläche aller Artikel (in cm²)

Es kann deshalb bestätigt werden, dass die Boulevardzeitung Krone sehr viel Wert auf die visuelle Unterstützung der Artikel legt. Wie eingangs angemerkt ist dies bei jugendlichen LeserInnen auch der Fall. Visuelle Reize sind ein starker Leseanreiz. Deswegen ist das Ergebnis dieser Auswertung sicher ein weiteres Kriterium, warum speziell junge Menschen genau zu dieser Zeitung greifen.

Politainment

Von den ausgewerteten Artikeln enthielten vier das Merkmal der Personalisierung, also der Berichterstattung über private Lebensumstände einer bestimmten Person mit politischem Hintergrund. Genau so viele wiesen das Merkmal „Konflikthaltigkeit" auf, sprich der Darstellung gegensätzlicher Ansichten zweier Akteure inklusive Kritik des jeweils anderen. In nur einem Bericht kam „Sensationalisierung" (= übertriebene Darstellung eines Sachverhalts) vor.

In den restlichen zehn Untersuchungseinheiten fand sich hingegen keines der genannten Merkmale wieder.

Daraus lässt sich ableiten, dass die Krone in einem erheblichen Teil ihrer Berichterstattung das Werkzeug des „Politainment" [Hervorheb. d. Verf.] einsetzt, wie es im Boulevardjournalismus üblich ist. Auch dies trägt sicherlich dazu bei, um jugendliche LeserInnen anzuziehen.

Emotionalisierung

Ziel dieser Kategorie war es herauszufinden, inwieweit die Kronen Zeitung mit emotionalisierender Sprache arbeitet, sowohl in den Überschriften, als auch im Fließtext.
Dieser Wortschatz taucht nur in fünf von achtzehn untersuchten Artikeln im Text auf, bei den Überschriften gar nur viermal. Auch Superlative sind nur in vier Texten zu finden. Da der Boulevardjournalismus normalerweise viel mit Emotionen und Meinungen arbeitet, ist dieses Ergebnis etwas überraschend.

Artikel mit Hintergrundinformationen

Lediglich bei drei der achtzehn analysierten Artikel wurden dem/der LeserIn zusätzliche Hintergrundinformationen zum jeweiligen Thema geboten. Bei vielen Themen erfordert die Komplexität ein gewisses Vorwissen. Wird dies den Jugendlichen nicht geboten, kann der Artikel uninteressant wirken.

4.1. Überprüfung der Hypothesen

Hypothese 1: Die Kronen Zeitung orientiert sich bei der Berichterstattung an den Themenwünschen jugendlicher RezipientInnen.

Diese Hypothese kann bestätigt werden. Von den 23 in der ZiS-Studie definierten Themenrubriken (vgl. Böck 2005: 33) kamen 21 mindestens einmal in den untersuchten Ausgaben der „natürlichen Woche" [Hervorheb. d. Verf.] vor. Die Krone legt daher viel Wert auf Themenvielfalt. Speziell die topfavorisierten Themen der Jugendlichen kamen auffällig oft und ausgiebig vor.

Hypothese 2: Die Kronen Zeitung bietet den Jugendlichen genügend Leseanreize in Form von Bildern.

Hypothese 2 kann bestätigt werden. Die gewonnenen Ergebnisse aus den Ressorts Politik, Wirtschaft und Kultur lassen darauf schließen, dass die Kronen Zeitung den jungen RezipientInnen sehr wohl genügend Leseanreize in Form von Bildern bietet.

Einerseits weil sie viele visuelle Elemente in ihre Beiträge einbaut, zum anderen aufgrund der Tatsache, dass sie eine sehr „farbenfroh" [Hervorheb. d. Verf.] gestaltete Tageszeitung ist. Wie in Kapitel 2.4 angeführt kritisieren ja viele Jugendlichen das triste „Grau" [Hervorheb. d. Verf.] der meisten Printmedien.

Hypothese 3: Die Kronen Zeitung bietet den jugendlichen LeserInnen genügend Leseanreize in Form von kurzen Beiträgen.

Auch diese Hypothese kann bestätigt werden. Wie sich bei der empirischen Untersuchung gezeigt hat, berichtet die Kronen Zeitung vorwiegend in Form von kurzen - bzw. Artikeln mittlerer Länge. Auffällig war, dass bei den 18 ausgewählten Beiträgen nur ein einziger über 400 Wörter zählte. Mit einer durchschnittlichen Artikellänge von 206 Wörtern liegt der Schnitt nahe der Untergrenze zwischen einem Artikel mittlerer Länge und einem kurzen Beitrag.

Hypothese 4: Die Kronen Zeitung bietet der jungen Leserschaft zu wenig Leseanreize in Form von Themen, die mit der Berufswahl der Jugendlichen bzw. unmittelbar mit deren Zukunft zu tun haben.

Unter den 21 ausgewerteten Artikeln über und für Jugendliche fanden sich 18, die mit der Berufswahl oder unmittelbar mit deren Zukunft zu tun hatten. Das entspricht bei sieben Untersuchungseinheiten durchschnittlich 2,57 Artikeln pro Ausgabe. Aus Sicht des Autors ist dies ein überraschend hoher Schnitt.

Die Hypothese muss daher falsifiziert werden.

Hypothese 5: Die Kronen Zeitung bietet den jungen LeserInnen zu wenig Leseanreize in Form von Karikaturen.

Diese Hypothese kann verifiziert werden. Die Kronen Zeitung bietet der jungen Leserschaft zwar viele Anreize in Form von visuellen Elementen (siehe Hypothese 2), jedoch kommen in den untersuchten Exemplaren so gut wie keine Karikaturen von. Dieses visuelle Element wird nur ein einziges Mal eingesetzt.

Hypothese 6: Die Kronen Zeitung berichtet vorwiegend negativ über Jugendliche.

Hierfür wurden die sieben Exemplare der Tageszeitung „quergelesen" [Hervorheb. d. Verf.]. Dabei konnte nur ein Bericht ausfindig gemacht werden, der ein den jugendlichen angelastetes Problemthema (Drogen, Gewalt, „Komasaufen", etc.) darstellte.
Hypothese 6 kann daher zweifelsohne falsifiziert werden.

Hypothese 7: In den klassischen Ressorts Politik, Wirtschaft und Kultur wird zuviel Hintergrundwissen vorausgesetzt.

Anhand der ermittelten Daten kann belegt werden, dass bei vielen Artikeln kein oder zu wenig Hintergrundwissen vermittelt wird. Lediglich bei drei von 18 Untersuchungseinheiten waren ansatzweise Hintergrundinformationen vorhanden.
Hypothese 7 kann aus diesem Grund verifiziert werden.

Hypothese 8: In der Berichterstattung der Kronen Zeitung wird ausreichend „jugendgerechte" Sprache verwendet.

Die Berichterstattung der Kronen Zeitung ist zwar durch kurze Sätze und einfache Wortwahl gekennzeichnet, jedoch wird wenig „Jugendsprache" [Hervorheb. d. Verf.] in Form von jugendspezifischen Wörtern verwendet. Diverse Ausdrücke, wie sie oftmals in Jugendzeitschriften (z.B. „Bravo") zu finden sind, waren nicht vorhanden. Untersucht wurden auch hier nur die Rubriken Politik, Wirtschaft und Kultur, was eventuell eine Erklärung für das Ergebnis geben könnte. Eventuell ist die Sprache bei Themen, die bei den Jugendlichen beliebter sind, jugendgerechter gestaltet.
Diese Hypothese ist aus den genannten Gründen zu falsifizieren.

4.2. Beantwortung der Forschungsfrage

Forschungsfrage:

- *Orientiert sich die Kronen Zeitung an den Wünschen und Bedürfnissen junger LeserInnen, um diese zu erreichen?*

Aufgrund der aus der Inhaltsanalyse hervorgegangenen Ergebnisse ist diese Frage weitgehend positiv zu beantworten. Die Kronen Zeitung konnte im Bezug auf die Kritik, die Jugendliche an Tageszeitungen üben, punkten. So fanden fast alle laut der ZiS-Studie (vgl. Böck 2005: 33) favorisierten Jugendthemen Platz in der Berichterstattung.

Auch die Artikellänge und der Satzbau orientieren sich an den Bedürfnissen der jungen Leserschaft. Es finden sich kaum längere - sondern vorwiegend kurze Artikel und Beiträge mittlerer Länge in der Krone.

Der Kritikpunkt der negativen Berichterstattung über Jugendliche konnte ebenfalls widerlegt werden. Wenn über Jugendliche berichtet wurde, dann durchwegs positiv oder ihre eigene Zukunft betreffend.

Ein ganz besonderer Leseanreiz für Heranwachsende ist die starke visuelle Unterstützung der Berichterstattung. Auffallend viele Artikel sind mit einem oder mehreren Fotos versehen. Das verhindert, dass die Zeitung zu trist und „grau" [Hervorheb. d. Verf.] erscheint und ist sicherlich für viele Jugendliche ein Hauptgrund, weshalb sie gerade diese Tageszeitung lesen.

Auch von großer Bedeutung für junge LeserInnen ist die Sprache. Einfache Lesbarkeit und Verständlichkeit ist hierbei das um und auf. Das bedeutet Fremdwörter, Fachausdrücke, etc. aller Art sollten vermieden werden. Diesbezüglich erfüllt die Boulevardzeitung die Bedürfnisse der Zielgruppe.

Im Bezug auf das Politainment schneidet die Krone ebenfalls positiv ab. Viele jungen Menschen lesen gerne konflikthaltige, sensationalisierende Berichte oder Artikel, die persönliche Lebensumstände von Personen preisgeben.

Zu bemängeln ist die großteils fehlende Hintergrundberichterstattung. Vor allem die kurzen Artikel ließen diese komplett vermissen, was aufgrund der Artikellänge naturgemäß nur schwer zu bewerkstelligen ist. Dabei stehen die Tageszeitungen wohl vor einem unlösbaren Problem. Auf der einen Seite wünschen sich Jugendliche eine kurze Berichterstattung, andererseits kritisieren sie die fehlenden Hintergrundinformationen.

5. Fazit

Ziel der vorliegenden Arbeit war es herauszufinden, was Österreichs auflagenstärkste Tageszeitung unternimmt, um jugendliche LeserInnen zu erreichen.

Grundsätzlich ist anzumerken, dass es für Tageszeitungen extrem schwer ist, auf alle Wünsche und Bedürfnisse der jungen Leserschaft einzugehen. Jugendliche sind eine sehr heterogene Zielgruppe, wodurch es für die Printmedien fast unmöglich ist, alle jungen Menschen zu erreichen. Allein die Definition von „Jugend" [Hervorheb. d. Verf.] lässt sehr viel Spielraum. Man muss auch akzeptieren, dass viele Heranwachsende gar nicht erreicht werden können bzw. wollen, da sie aufgrund des elterlichen Einflusses noch nie mit dem Medium „Zeitung" [Hervorheb. d. Verf.] in Berührung gekommen sind. Wenn die Eltern ihre Rolle als Lesevorbilder nicht einnehmen, wird die heranwachsende Generation (wenn überhaupt) auf andere Medien zurückgreifen.

Prinzipiell belegt die Überprüfung der Forschungsfrage und der Hypothesen die Bemühungen der Krone junge Menschen als LeserInnen zu gewinnen bzw. zu behalten.

Zum einen deckt sie beinahe alle Themen dieser Zielgruppe regelmäßig ab, andererseits erfüllt sie auch in den drei klassischen Ressorts Politik, Wirtschaft und Kultur fast alle Wünsche und Bedürfnisse der Heranwachsenden hinsichtlich der Berichterstattung, der Beitragslänge und der verwendeten Sprache.

Die Beitragslänge ist mit ca. 200 Wörtern durchschnittlich nicht zu lange und die Artikel sind aufgrund der unkomplizierten Sprache (Vermeidung von Fremdwörtern, Fachausdrücken und Schachtelsätzen) einfach zu lesen.

Einen weiteren Pluspunkt bei Jugendlichen kann die Tageszeitung bezüglich ihrer visuellen Elemente sammeln. Davon abgesehen, dass kaum Comics, Cartoons oder Karikaturen verwendet werden bietet die Krone der jungen Leserschaft viele Lesanreize in Form von farbenfrohen Bildern und Fotos. Somit kann der Vorwurf die Zeitungen seien zu „grau" [Hervorheb. d. Verf.] und trist zumindest beim untersuchten Medium widerlegt werden.

Die Tatsache, dass hauptsächlich positiv über und für Jugendliche berichtet, spricht auch für das analysierte Printmedium.

Einer der wenigen Kritikpunkte ist die fehlende Hintergrundberichterstattung. Insbesondere junge Menschen sind mit vielen komplexen Themen oft nicht genug vertraut, um etwaige Zusammenhänge herstellen zu können.

Trotz der großteils positiven Erkenntnisse der Untersuchung sind die gewonnenen Ergebnisse mit Vorsicht zu genießen. Es können zwar Tendenzen aufgezeigt werden, dennoch ist die Analyse der Untersuchungseinheiten keinesfalls repräsentativ, da die Artikel nach Zufallsprinzip und nicht systematisch ausgewählt wurden. Überdies ist die Anzahl der berücksichtigten Zeitungsbeiträge zu gering um Rückschlüsse auf die Gesamtheit ziehen zu können.

6. Literaturverzeichnis

Atteslander, Peter (2006): Methoden der empirischen Sozialforschung. Berlin: Erich Schmidt Verlag.

Ausubel, David P. (1976): Das Jugendalter. Fakten, Probleme, Theorie. Weinheim: Juventa Verlag.

Bisiaux, Annabelle (2002): Regionale Tageszeitung und jugendliche Nichtleser: Lösungsstrategien zur Steigerung der Attraktivität der Zeitung bei jugendlichen Nichtlesern. Münster: Lit-Verlag.(=Management Wissen aktuell, Bd. 6)

Böck, Margit (2005): Jugendliche und Zeitungslesen. Eine Evaluierung der ZiS-Projekte - Kurzfassung des Abschlussberichts. In: Verband Österreichischer Zeitungen (Hg.): Presse 2005. Dokumentationen – Analysen - Fakten. Tätigkeitsbericht des VÖZ. Wien: Verband österreichischer Zeitungen, S. 207-230.

Brosius, Hans-Bernd (1998): Informationsrezeption – gestern, heute und morgen. In: Klingler, Walter/Roters, Gunnar/Gerhards, Maria (Hg.): Medienrezeption seit 1945. Forschungsbilanz und Forschungsperspektiven. Baden-Baden: Nomos Verlagsgesellschaft, S. 223-235.

Bruck, Peter A. (1996): Die ganz normale Vielfältigkeit des Lesens: zur Rezeption von Boulevardzeitungen. Münster: Lit-Verlag.

Bucher, Hans-Jürgen (1997): Zeitungsentwicklung und Leserinteressen. Neue Formen der Informations- und Wissensvermittlung in den Printmedien. In: Der Deutschunterricht 50. Jg., Heft 3, S. 66–78. Online unter: http://www.medien-wissenschaft.de/aufsaetze/zeitungs-entwicklung-und-leserinteressen.html

Faulstich, Werner (1994): Zeitung. In: Faulstich, Werner (Hg.): Grundwissen Medien. München: Fink, S. 362-375.

Graf-Szczuka, Karola (2007): Der kleine Unterschied. Eine Typologie jugendlicher Zeitungsleser und –nichtleser. Hamburg: Verlag Dr. Kovac.

Hippler, Hans-Jürgen et al. (1999): Lokale Medienwelt: Angebotsexpansion und Publikumsverhalten - eine empirische Untersuchung. In: Roters, Gunnar/Klingler, Walter/Gerhards, Maria (Hg.): Information und Informationsrezeption. Baden-Baden: Nomos Verlagsgesellschaft, S. 63-84.

Institut für qualitative Markt- und Wirtschaftsanalysen (IFM Köln) (1996): Jugendkultur und Mediennutzung. Eine qualitativ-morphologische Untersuchung. Bonn: IFM.

Kaminski, Katrin (2007): Pisa 2003: Mediendiskurse zur Lesekompetenz ; eine vergleichende Analyse der Print-Berichterstattung österreichischer Tageszeitungen. Magisterarbeit, Universität Salzburg, Fachbereich Kommunikationswissenschaft.

Katz, Elihu/Blumler, Jay G./Gurevitch, Michael (1974): Utilization of Mass Communication by the Individual. In: Blumler, Jay G./Katz, Elihu (Hg.): The Uses of Mass Communications. Current Perspectives on Gratifications Research. Beverly Hills/London: Sage Publications, S. 19-32.

Katz, Elihu/Foulkes, David (1962): On the Use of the Mass Media as ‚Escape': Clarification of a Concept. In: Public Opinion Quarterly Jg. 26, Nr. 3, S. 377-388.

Kiefer, Marie-Louise (1996a): Massenkommunikation 1995. Ergebnisse der siebten Welle der Langzeitstudie zur Mediennutzung und Medienbewertung. In: Media Perspektiven 27. Jg., H. 5, S. 234-248.

Koblinger, Johannes (2007): Jugendliche LeserInnen: Das missachtete Publikum? Eine vergleichende Inhaltsanalyse am Beispiel der Oberösterreichischen Nachrichten und der Salzburger Nachrichten. Magisterarbeit, Universität Salzburg, Fachbereich Kommunikationswissenschaft.

Klingler, Walter/Feierabend, Sabine/Franzmann, Bodo (1999): Mediennutzung von Jugendlichen in Deutschland. Die Jugendmedienstudie JIM '98. In: Roters, Gunnar/Klingler, Walter/Gerhards, Maria (Hg.): Mediensozialisation und Medienverantwortung. Baden-Baden: Nomos Verlagsgesellschaft, S. 173-195.

Media-Analyse (2008): Jahresbericht 2008. Unveröffentlichter Bericht. Wien.

Merten, Klaus (1983): Inhaltsanalyse. Einführung in Theorie, Methode und Praxis. Opladen: Westdeutscher Verlag.

Meyen, Michael (2001): Mediennutzung. Mediaforschung, Medienfunktionen, Nutzungsmuster. Konstanz: UVK Verlagsgesellschaft mbH.

MPFS – Medienpädagogischer Forschungsverbund Südwest (2005): JIM 2005. Jugend, Information, (Multi-)Media. Basisuntersuchung zum Medienumgang 12- bis 19jähriger in Deutschland. Stuttgart: Medienpädagogischer Forschungsverbund Südwest. Online unter: http://www.mpfs.de/fileadmin/Studien/JIM2005.pdf

Münster, Hans A. (1932): Zeitung und Zeit. Fortschritte der internationalen Zeitungsforschung. Berlin: Carl Duncker Verlag.

Noelle-Neumann, Elisabeth/ Schulz, Rüdiger (1993): Junge Leser für die Tageszeitung. Bericht über eine vierstufige Untersuchung. Bonn: Zeitungsverlag-Service.

Pürer, Heinz (1998): Einführung in die Publizistikwissenschaft. Konstanz: UVK Medien.

Rager, Günther (2003): Jugendliche als Zeitungsleser: Lesehürden und Lösungsansätze. In: Media Perspektiven 34. Jg., H. 4, S. 180-186.

Rager, Günther et al. (2004b): Abschlussbericht des DFG-Projekts „Zeitung lesen lernen". Unveröffentlicher Forschungsbericht. Universität Dortmund.

Rager, Günther/Müller-Gerbes, Sigrun/Haage, Anne (1994): Leserwünsche als Herausforderung. Neue Impulse für die Tageszeitung. Bonn: Zeitungsverlag-Service.

Renger, Rudi (2001): Populärer Journalismus – von der Boulevard- zur Populärkulturforschung. In: Neissl, Julia/Renger, Rudi/Siegert, Gabriele (Hg.): Cash and Content. Populärer Journalismus und mediale Selbstthematisierung als Phänomene eines ökonomisierten Mediensystems. Eine Standortbestimmung am Beispiel ausgewählter österreichischer Medien. München: R. Fischer, S. 71-95.

Röttger, Ulrike (1992): Auf der Suche nach der verlorenen Generation. Immer mehr Jugendliche lesen immer weniger Zeitung. In: Rager, Günther/Werner, Petra (Hg.): Die tägliche Neu-Erscheinung. Untersuchungen zur Zukunft der Zeitung. Münster: Lit-Verlag, S. 81-94.

Rubin, Alan M. (2000). Die Uses-And-Gratifications-Perspetive der Medienwirkung. In: Schorr, Angela (Hrsg.): Publikums- und Wirkungsforschung. Wiesbaden: Westdeutscher Verlag, S. 137-152.

Schweiger, Wolfgang (2007): Theorien der Mediennutzung. Eine Einführung. Wiesbaden: VS Verlag für Sozialwissenschaften.

Seethaler, Josef (2005²): Österreichische Tageszeitungen – über 100 Jahre alt. Wien: Österreichische Akademie der Wissenschaft. Kommission für historische Pressedokumentation. Online unter: http://www.oeaw.ac.at/cmc/data/Arbeitsbericht%20Nr%202_v%202.pdf

Steinmaurer, Thomas (2002): Konzentriert und verflochten. Österreichs Mediensystem im Überblick. Innsbruck: Studien Verlag.

Vollbrecht, Ralf (2003): Aufwachsen in Medienwelten. In: Fritz, Karsten/Sting, Stephan/Vollbrecht, Ralf (Hg.): Mediensozialisation. Pädagogische Perspektiven des Aufwachsens in Medienwelten. Opladen: Leske + Budrich, S. 13-43.

Online-Quellen:

Bayrischer Rundfunk (2009): Boulevardzeitung. Definition. Online im Internet unter http://www.br-online.de/wissen-bildung/telekolleg/faecher/deutsch/glossar/#b (10.01.2009).

Bundesverband Deutscher Zeitungsverleger (BDVZ) (o. J.): Leserwünsche als Herausforderung. Neue Impulse für die Tageszeitung. Online im Internet unter http://www.bdzv.de/studie_leserwuensche.html (10.01.2009).

Kronen Zeitung (o. J.): Impressum der Kronen Zeitung. Impressum und Offenlegung gem. § 24 bzw. § 25 MedienG sowie Angaben gem. § 5 ECG. Online im Internet unter http://www.krone.at/krone/S40/object_id__37371/hxcms/index.html (10.01.2009).

Medienwissenschaft (o. J.): Zeitungsentwicklung und Leserinteressen: Neue Formen der Informations- und Wissensvermittlung in den Printmedien. Jugend und Tageszeitung – ein schwieriges Verhältnis. Online im Internet unter http://www.medienwissenschaft.de/aufsaetze/zeitungsentwicklung-und-leserinteressen.html (10.01.2009).

Zeit Online (o. J.): Zeitungswirren in Österreich: Wie die Mediaprint den österreichischen Zeitungsmarkt beherrscht. Online im Internet unter http://www.zeit.de/1996/20/medien.txt.19960510.xml (10.01.2009).

Abbildungsverzeichnis:

Abbildung 1: Themeninteressen Jugendlicher 2005 (1) 13
Abbildung 2: Themeninteressen Jugendlicher 2005 (2) 13
Abbildung 3: Druckauflage der Kronen Zeitung -1.Halbjahr 2008 16
Abbildung 4: Kronen Zeitung Detailangaben 17
Abbildung 5: ausgewählte Themengebiete in Anlehnung an die ZiS-Studie
„Jugendliche und Zeitung" (vgl. Böck 2005: 33) 25
Abbildung 6: Prozentuelle Verteilung der Artikel nach Länge (Gesamt 18) 31
Abbildung 7: Prozentuelle Verteilung der unterschiedlichen
Jugendberichterstattung (Gesamt 21) 32
Abbildung 8: Durchschnittliche Gesamtfläche aller Artikel (in cm²) 33

7. Anhang

Codebuch

Das hier vorliegende Codebuch entstand aufbauend auf dem erstellten Kategorienschema.

Codierbuch zur Inhaltsanalyse
---

1. Datum

Hier ist das Erscheinungsdatum der kodierten Tageszeitung einzutragen.

2. Artikelnummer

Hier ist die fortlaufende Nummer einzutragen, damit die einzelnen Artikel leichter auffindbar sind. Jedem Artikel wird eine Nummer zugeteilt, beginnend mit 1.

3. Artikellänge

In dieser Spalte wird die Länge des Artikels – sprich die Wortanzahl – angegeben, um dann den Beitrag in eine der drei Kategorien (kurzer Artikel, Artikel mittlerer Länge, langer Artikel) einordnen zu können.

4. – 7. Abmessung

Diese Rubriken beinhalten die Maße des Bildes, der Überschrift, des Textes und die Gesamtfläche des Artikels.

8. Artikel nach Ressortzugehörigkeit

Es werden folgende Ressorts ausgewertet:
1 Politik, 2 Wirtschaft, 3 Kultur

9. Politainment
Dieser Begriff bezeichnet die Vermischung zwischen Politik und Unterhaltung.

1 Personalisierung (private Lebensumstände)

2 Sensation

3 Konflikte

4 kein

10. Überschrift / Emotionalisierung
Bei der Rezeption von Zeitungsartikeln sind die Überschriften von besonderer Bedeutung, da sie bei dem/der LeserIn einen visuellen Reiz erzeugen. Da besonders Jugendliche auf emotionalisierende Wörter bzw. Reizwörter ansprechen, wurde untersucht, inwiefern sich diese in den Überschriften der ausgewerteten Beiträge wieder finden.

0 nein

1 ja

Es ist anzumerken, dass nur die Überschrift, nicht aber der Lead untersucht wird.

11. + 12. Ausdrucksform
Diese beiden Spalten wenden sich dem emotionalen Wortschatz und den Superlativen im Fließtext zu.

Zum emotionalen Wortschatz zählen Wörter, die bei dem/der LeserIn Emotionen auslösen können (z.B. Liebe, Hass, Angst, etc.).

Beispiele für Superlative wären etwa die Begriffe „Totalversagen" oder „Rekordarbeitslosigkeit".

13. – 15. Visuelle Elemente
Diese drei Spalten widmen sich den visuellen Ausprägungen eines Artikels.

1 visuelle(s) Element(e) vorhanden

2 visuelle(s) Element(e) nicht vorhanden

Weiters wird festgestellt, welche Art der Visualisierung verwendet wurde und wie viele Elemente pro Beitrag.

16. Hintergrundinformationen

In vielen Fällen lesen Jugendliche Artikel in Zeitungen aus dem Grund nicht, weil ihnen die Hintergrundinformationen zu dem Thema fehlen. Deshalb untersucht diese Kategorie, ob die Beiträge in der Tageszeitung Hintergrundinformationen enthalten, oder nicht.

1 ohne Hintergrundinformation
2 mit Hintergrundinformation

17. + 18. Themenschwerpunkt

Durch diese beiden Spalten können die Artikel der Krone verschiedenen Themenschwerpunkten zugeordnet werden. Dadurch kann man Rückschlüsse ziehen, ob der Beitrag für Jugendliche interessant ist.

Codierbogen

Codierbogen zur Inhaltsanalyse

Nur Artikel aus den Ressorts Politik, Wirtschaft und Kultur	Variable 1	Datum	191908 - 061208
	Variable 2	Artikelnummer (fortlaufend)	1 - 100
	Variable 3	Artikellänge (Anzahl Wörter)	0 - 10000
	Variable 4	Umfang Bild	in cm²
	Variable 5	Umfang Überschrift	in cm²
	Variable 6	Umfang Text	in cm²
	Variable 7	Gesamtfläche Artikel (Var. 4+5+6)	in cm²
	Variable 8	Artikel nach Ressortzugehörigkeit	
		Politik	1
		Wirtschaft	2
		Kultur	3
	Variable 9	Politainment (Kombi möglich)	
		Personalisierung (private Lebensumstände)	1
		Sensation	2
		Konflikt	3
		keine	4
	Variable 10	Emotionalisierende Überschrift	
		ja	1
		nein	2
	Variable 11	Emotionalisierender Wortschatz	
		ja	1
		nein	2
	Variable 12	Superlative	
		ja	1
		nein	2
	Variable 13	Artikel mit visuellen Elementen	
		visuelle(s) Element(e) vorhanden	1
		visuelle(s) Element(e) nicht vorhanden	2
	Variable 14	visuelle Elemente	
		Foto	1
		Comic, Cartoon	2
		Karikatur	3
		Infografik	4
	Variable 15	Anzahl visueller Elemente pro Artikel	0 bis 99
	Variable 16	Artikel mit Hintergrundinformationen	
		ohne Hintergrundinformationen	1
		mit Hintergrundinformationen	2
	Variable 17	Themenschwerpunkt des Artikels	
		TV (Programm, Berichte, Kritiken)	1
		Unfälle, Verbrechen, Katastrophen	2
		Horoskop	3
		Rätsel, Witze, Cartoons	4
		Veranstaltungstipps	5
		Sport	6
		Szene, Prominente, Stars	7
		Regionales/Lokales, aus dem Bundesland	8

Alle Artikel		Kino/Filmkritiken	9
		Politik	10
		Jugendseite	11
		Mode, Bekleidung, neueste Trends	12
		Beauty, Schönheit, Kosmetik	13
		Wissenschaft, Technik, Forschung, Motor	14
		Urlaub, Reisen	15
		Computer, Computerspiele	16
		Unterhaltung, Entspannung	17
		Wirtschaft	18
		Kommentare, Hintergrund, Leserbriefe	19
		kulturelle Ereignisse/Kulturberichte	20
		Wellness, Fitness, Gesundheit	21
		Internet, Chatten usw.	22
		Sonstiges	23
	Variable 18	**Artikel über Jugendliche**	
		für Jugendliche (positiv)	1
		über Jugendliche (positiv)	2
		über Jugendliche (negativ)	3